（宋）蘇軾 撰

明成化本東坡七集

第一六册

國家圖書館出版社

第一六册目録

東坡内制集十卷（卷第五—十）

卷第八………………………………………九九

東坡内制集卷第五

神宗皇帝御容進發前一日奏告諸宫觀等處青詞元祐二年九月二十五日

嵩各之間山陵所在嚴道釋之淨宇奉衣冠之别祠恭擇良辰啓行仙馭敢徼福於群聖庶流祉於含生仰叩真靈冀垂昭鑒

神宗皇帝御容進發前一日奏告天地社稷宗廟等處祝文

祇畏天明率循祖武進衣冠之原廟鎮崧洛之靈祠恭擇良辰啓行仙馭分遣執事並告有神

賜涇原路經略使并應守城禦賊漢蕃使臣已下銀合茶藥兼傳宣撫問口宣元祐二年九月五日

有敕戎虜逆天無故犯順忠義所激戰守有方掎角相望示以形勢犬羊自遁亭候無虞爰念勤勞不忘嘉歎

賜太師文彦博生日詔元祐二年九月二十九日

敕彦博陽月載臨剛辰協吉篤生元老弼亮四朝允為廊廟之華豈獨閨門之慶往膺寵數永錫壽祺

賜大遼賀正旦人使白溝驛御筵并撫問口宣元祐二年九月七日

有敕卿等遠馳華節冒履薄寒眷言郵傳之勤少樂燕嘉之賜往申寵問式示眷存

賜資政殿學士太中大夫新知成都府王安禮乞知陳潁等一郡不允詔元祐二年十月一日

敕安禮朕惟西蜀地狹而賦重人懦而吏肆傜役新定農民在官馭之無方將不勝弊惟朕左右信臣明而不苛寛而有斷必能肅遏慢吏扶養小弱卿雖微疾強爲朕行時近藥石勉事道路稱朕意焉

皇帝達

太皇太后賀大遼皇帝生辰書元祐二年

寒律既周誕辰載紀恭被　慈闈之誨俾脩慶幣之
儀永介壽康式符頌禱更祈調衛以副顒言

皇帝賀大遼皇帝生辰書元祐二年

大吕還宫攝提正丑載協誕彌之慶永膺壽考之祥
臨遣使軺往陳信幣其爲欣禱莫盡名言

沿路賜奉安

神宗御容禮儀使吕大防銀合茶藥詔元祐二年十月七日

敕大防於赫　神考如日在天雖光明無所不臨而
躔次必有所舍肆予命爾祇奉此行禮既告成勤亦
良至感慕之外嘉歎不忘

沿路賜奉安
神宗御容押班馮宗道并内臣等銀合茶藥敕
書元祐二年十月七日
敕馮宗道逮事有年追遠不懈屬祠宮之告具驂日
馭以遄征往復之間忠勞亦至特加存問尚體至懷
沿路賜奉安
神宗御容禮儀使呂大防押班馮宗道并使臣
已下銀合茶藥兼傳宣撫問口宣元祐二年十月七日
有敕卿汝祗率官常往嚴像設屬此寒凝之候眷言
往返之勞式示寵綏特加優錫

太皇太后　皇太后　皇太妃受冊禮畢奏謝
天地社稷宗廟諸宮觀并諸陵青詞齋祝文元祐二年九月二十七日
至哉坤元政必先於治內養以天下孝莫大於尊親昔首正於號名今復嚴於典冊禮樂既具神人允諧分命邇臣諸陵改分命邇臣字作分命有司恭致成事仰祈昭鑒永錫鴻休無任懇禱之至

太皇太后　皇太后　皇太妃受冊禮畢祭諸
神廟祝文元祐二年九月二十七日
至哉坤元政必先於治內養以天下孝莫大於尊親

昔首正於彝名今復嚴於典冊禮樂既具神人允諧
分命有司往告成事庶祈靈祐永保鴻休

隆祐宮設慶宮醮青詞

伏以長樂告成光動紫宮之象清都下照誠通絳闕之儼祇率多儀肅陳菲薦永惟慈孝之本克享天人之心介萬壽之無疆錫五福之純備無任懇禱之至

賜太師文彥博生日禮物口宣 元祐二年十月五日

有敕卿勳在廟社名聞華夷允儲河嶽之靈宜享喬松之壽往須寵數以慶佳辰

賜南平王李乾德曆日敕書 元祐元年十月八日

敕乾德眷彼海隅被予聲教宜有王正之賜以為農

事之祥動卹遠民以問嗣歲

永裕陵十二月旦表本

伏以商正紀曆大呂旋宫論時令以待來歲之宜獻

民力以共宗廟之祀恭惟　謚號皇帝至仁無外全

德難名文物聲明但覩乘時之迹昆蟲草木孰知成

歲之功急景易遷永懐何極

皇帝達

太皇太后賀大遼皇帝正旦書元祐二年

歲聿肇新鄰歡載講恭被　慈闈之誨遠通慶幣

之誠益冀保順永綏壽嘏

皇帝賀大遼皇帝正旦書

三陽朋來慶二儀之交泰　兩朝繼好納萬民於阜
昌申敕使車肅將禮幣願符善禱永介純釐

冬季傳宣撫問諸路沿邊臣寮口宣 元祐二年十月十八日

有敕卿等守禦邊疆憂勞夙夜屬茲寒沍想各康強
特示眷存往申勞問

賜新除龍圖閣直學士依前中散大夫陳安石
辭免恩命不允詔 元祐二年十月十八日

敕安石士出身從仕少壯陳力耆老守節朕必有以

寵綏之卿逮事四朝歷中外踐揚良能不見過失
書閤之拜衆以爲宜無復固辭以遂成命

賜資政殿學士太中大夫新差知成都府王安
禮侵銀合茶藥詔 元祐二年十月八日

敕安禮朕求治如不及用人惟恐失之矧余良臣惟
自神考出入中外歷聲華藹然朕豈欲其遠去哉特以
全蜀之寄其難其選知卿舊於忠義當不以遠近爲
意也勉事道路慎疾自愛往安吾民以稱朕意

撫問知河南府張璪知永興軍韓縝口宣 元祐二年十月十八日

有敕卿輟自廟堂出為師帥勞於綏御寬我顧憂屬
此寒凝勉加頤養

冬季撫問陜西轉運使副口宣（元祐二年十月十八日）

有敕卿等歲事將畢農工既休永言乘傳之勞未遑
退食之佚勉加輔養尚副眷懷

賜資政殿學士新差知成都府王安禮詔書銀
合茶藥傳宣撫問口宣（元祐二年十月二十七日）

有敕卿西南之寄古今所難蓋自祖宗以來或輟
鈞衡之舊與衆同樂非卿孰宜

賜皇弟鎮寧軍節度使開府儀同三司遂寧郡

王佶生日禮物口宣（元祐二年十月一日）

有敕乃眷賢王惟予介弟篤生茲日流慶方來往致予言以爲爾壽

趙州賜大遼賀興龍節使副茶藥口宣（元祐二年十月一日）

有敕卿等久懃軺傳遠涉風埃既漸邇於中邦方少安於候館往頒珍劑以示眷懷

雄州撫問大遼賀興龍節使副口宣（元祐二年十月十七日）

有敕卿等恭修鄰好遠慶誕辰眷惟授館之初益喜造朝之近往申問勞式示眷存

雄州撫問大遼賀正旦使副口宣（元祐二年十月十八日）

有敕卿等遠會春朝薦脩鄰好言念乘軺之久欣聞

入境之初式示眷存往申問勞

元祐三年春貼子詞

皇帝閣六首

其一 五言

藹藹龍旂色琅琅木鐸音數行寬大詔四海發生心

其二

暘谷賓初日清臺告協風願如風有信長與日俱中

其三

草木漸知春萌芽處處新從今八千歲合抱是靈椿

其四 七言

聖主憂民未解顔天教瑞雪報豐年蒼龍掛闕農祥正父老相呼看藉田

其五

昨夜東風入律新玉闕知有受降人聖恩與解河湟凍得共中原草木春

其六

翰林職在明光裏行樂詩成拜舞中不待鸞開小桃杏始知天子是天公

太皇太后閣六首

其一 五言

琱刻春何力欣榮物自知發生雖有象覆載本無私

其二

小殿黄金榜朱簾白玉鈎一聲雙日蹕春色滿皇州

其三

仗下春朝散宫中晝漏稀兩廂休侍衛應下讀書幃

其四 七言

五日占雲十日風憂懃終歲為三農春来有喜何人見好學神孫類祖宗

其五

共道十年無臘雪且欣三白壓春田盡驅南畝扶犂手稍發中都朽貫錢

其六

不獨清心能省事應緣克己自消兵傳聞塞外千君長欲趂新年賀太平

皇太后閣六首

其一五言

寶冊瓊瑶重新庭松桂香雪消春未動碧瓦麗朝陽

其二

瑞日明天仗仙雲擁壽山倚欄春晝永金母在人間

其三

朝罷金鋪掩人閑寶瑟塵欲知慈儉德書史樂青春

其四七言

仙家日月本長閑送臘迎春豈亦然翠管銀罌傳故事金花綵勝作新年

其五

彤史年来不絕書三朝德化婦承姑宫中侍女減珠翠雪裏貧民得袴襦

其六

邊庭無事羽書稀閑遣詞臣進小詩共助至尊歌喜

事今年春日得春衣

皇太妃閣五首

其一 五言

葦排猶在户栿栢已稱觴歲美風先應朝回日漸長

其二

甲觀開千柱飛樓擢九層雪殘烏鵲喜翔舞下觚棱

其三 七言

孝心日奉東朝養儉德應師大練風太史新年瞻瑞氣四星明潤紫宫中

其四

九門挂月未催班清禁風和玉漏閑崇慶早朝銀燭
下佩環聲在五雲間

其五

東風弱柳萬絲垂的皪殘梅尚一枝璽館乍欣蠶浴
後棋壇猶記燕来時

夫人閣四首

其一五言

綵勝縷新語酥槃滴小詩昇平多樂事應許外庭知

其二

細雨曉風柔春聲入御溝已漂新荇没猶帶斷氷流

其三 七言

扶桑初日映簾昇已覺銅缾暖不氷七種共挑人日菜千枝先剪上元燈

其四

雪消鴛瓦已流澌風暖犀盤尚鎮帷縹眇紫簫明月下壁門桂影夜參差

皇帝回大遼皇帝賀興龍節書 元祐二年

誕日載臨鄰懽歲講封疆雖遠晷刻不踰惟信睦之交修識情文之兩至益深雅好良極欣悰

皇帝達

太皇太后回大遼皇帝問候書元祐二年

嘉平紀月震夙惟時屬茲慶使之来重以　慈闈之問尋因省侍悉致誠言欣感之深敷陳罔究

賜宰相呂公著生日詔元祐二年十月十八日

敕公著卿三世將相　四朝耆老賚我良弼實惟茲辰茂膺維嶽之靈永錫如陵之壽就須寵數以示眷懷

賜宰相呂公著生日禮物口宣元祐二年十月十八日

有敕卿仁以庇民忠以衛上誕彌之日慶慰良深往錫寵章以介眉壽

凡我承流之寄共成平秩之功

敕韓縝朕虔修人紀祗畏天明欽若舊章式頒新曆

賜外任臣寮曆日敕詔書 元祐二年十二月四日

勞還之譯往往須燕衎祗服恩私

有敕汝等奉琛來覲已事言歸式嘉慕義之誠宜有

十月二十九日

賜于闐國進奉人進發前一日御筵口宣 元祐二年

往加勞問式示眷存

有敕卿等分憂久外並塞早寒眷此勤勞形於軫念

冬季撫問諸路沿邊臣寮口宣 元祐二年十月十八日

班荆館賜大遼賀正旦人使到闕御筵口宣元祐二年十月四日

有敕卿等夙抗使旌少休郊館乃眷川途之邈載惟騑馭之勞特賜燕私以旌懃瘁

班荆館賜大遼賀興龍節人使酒果口宣元祐二年十一月九日

有敕卿等遠乘使傳方造都門屬此寒凝久於衝涉宜加就賜之禮以示勞来之恩

班荆館賜大遼賀興龍節人使御筵口宣元祐二年十一月十一日

有敕卿等逺犯苦寒来修舊好載喜使華之近特申
郊勞之儀服我恩私少留燕衎

賜五臺山十寺僧正省奇等進奉興隆節功
德疏等奬諭敕書元祐二年十一月一日

敕省奇等清涼之域僊聖所游爰因彌月之辰来獻
後天之祝永言懃至良極歎咨

相州賜大遼賀正旦人使御筵口宣元祐二年十一月十六日

有敕卿等篤修舊好少憇近邦屬氷雪之嚴凝念車
徒之勤勩往加燕勞式示眷懷

賜諸路臣寮春季銀鞋兼撫問口宣元祐二年十二月八日

有敕卿等各竭乃心，久勞于外。屬此寒凝之候，永惟綏馭之懃。式示眷存，往加勞問。

撫問知大名府馮京口宣

有敕卿以元老，卧護北門。寛我顧憂，想勞綏御。屬茲寒沍，益務保頤。

賜大遼賀興龍節使副鈔鑼等口宣元祐二年十二月十八日

有敕卿等觧驂授館，方講於鄰歡；遣使勞來，宜敦於主禮。往加優錫，以示眷懷。

賜大遼賀興龍節人使雄州回程御筵口宣元祐

元祐二年十一月二十八日

有敕卿等聘事既成歸途尚邈屬此氷霜之候眷言來往之勤宜錫燕私少紓行役

賜外任臣寮進奉興龍節馬敕書 元祐二年十二月二十四日

敕劉永年汝職在蕃宣義均休戚旅庭稱慶因物見誠乃眷忠勤不忘嘉歎

賜知樞密院事安燾已下罷散興龍節道場香酒果口宣 元祐二年十二月一日

有敕彌月之祥敷天同慶眷股肱之畢力延釋梵以祈年申以寵頒助其愷樂

賜步軍副都指揮使苗授已下罷散興龍節道場香酒果口宣（元祐二年十二月一日）

有敕卿等志在愛君忠於衛上屬誕彌之紀慶修淨供以祈年宜有寵頒以旌懃意

賜太師文彦博已下罷散興龍節酒果口宣（元祐二年十二月二日）

有敕卿等以弼亮之重散勞王家因誕慶之辰修崇法會宜須芳旨以示眷存

賜大遼賀興龍節前一日内中酒果口宣（元祐二年十二月二日）

有敕卿等抗旌就館已觀車騎之華奉幣造朝復歎威儀之美就加寵錫以示眷懃

賜大遼賀興龍節十日内中酒果口宣元祐二年十二月二日

有勑卿等奉幣講歡造廷稱壽嘉禮儀之閑習宜寵錫之便蕃受此珎甘以旌眷遇

賜大遼賀興龍節朝辭訖歸驛御筵口宣元祐二年十二月二日

有勑卿等使事既終陛辭而後少休賓館將整歸驂特示至懷更須嘉燕

賜大遼賀興龍節瀛洲回程御筵口宣元祐二年十二月二日

有勑卿等已修舊好復改北轅雖候館之少休眷歸途之尚邈往須燕俎以示至懷

賜新除寶文閣直學士李之純辭恩命不允詔元祐二年十二月四日

敎之純祖宗之文章與典謨訓誥並寶於世典領其

事非有德君子雖積勞久次不以輕授蜀遠而人懦

窮困抑塞至無所訴朕專欲以德安之故内閣之命

非獨以寵卿抑將使蜀人知朕用卿蓋以德選也其

深識此意勿復固辭

賜大遼賀興龍節人使朝辭歸驛酒果口宣元祐二年十二月八日

有敕卿等已事言旋指期夙駕歲寒遠道良用軫懷

宜有寵頒以旌勤瘁

賜皇伯祖宗暉已下罷散興龍節道場香酒果

口宣元祐二年十二月五日

有敕卿等以義重宗藩志存忠愛先期誕月歸命佛乘迨兹法會之成宜有分須之寵

賜大遼賀興龍節人使射弓例物口宣元祐二年十二月六日

有敕卿等懷四方之志挾五善之能終日射侯於是觀禮宜申寵錫以佐賓歡

東坡内制集卷第五

東坡内制集卷第六

賜大遼賀興龍節人使班荆館却回酒果口宣 元祐二年十二月十日

有敕卿等聘事已成征驂言邁徙餞於館以華其歸仍有寵頒式昭厚眷

永定院修蓋舍屋奏告　諸帝后祝文

具嚴淨宇祇奉寢園眷惟焚燎之餘少緩增修之役仰祈昭鑒永底燕寧

永定院修蓋舍屋祭告土地祝文 元祐二年十二月十日

伏以向因遺燼延及淨祠爰擇良辰以興衆役宜茲

遣使昭示有神

賜于闐國黑汗王進奉　登位敕書元祐二年十二月十一日

敕卿守藩西域慕義中華　聞踐祚之新来致梯山
之貢眷言忠恪良用歎咨

賜于闐國黑汗王進奉示諭敕書元祐二年十二月十一日

敕卿遠馳信便来效貢琛載詳重譯之言深亮勤王
之意益隆褒賜以荅忠誠

賜諸路臣寮中冬衣襖口宣元祐二年十月十八日

有敕霜露荐至衣褐未周念我遠臣何以卒歲往均
安燠之賜尚體眷懷之深

賜外任臣寮進賀

太皇太后受冊馬詔敕 元祐二年十二月十六日

敕曾布禮以正名國之舊典載閱充庭之實式將戴

后之心朕眷忠勤良深嘉歎

賜外任臣寮進奉賀

皇太后 皇太妃受冊馬詔敕 元祐二年十二月二十六日

敕曾布典冊告成宮闈之慶事君盡禮因物見誠乃

眷忠勤不忘嘉歎

賜保寧軍節度使知大名府馮京進奉賀端午

節馬詔 元祐二年十二月二十六日

敕馮京受鉞將壇剖符畿甸效充庭之駿足慶沖火
之良辰乃眷勤誠不忘嘉歎

賜資政殿學士知鄧州韓維進奉謝恩馬詔元祐

二年十二月二十六日

敕韓維廟堂均逸遠不忘君駔駿在庭儀名於物載
惟忠藎良極歎咨

賜檢校司空左武衛上將軍郭逵進奉謝恩馬

詔元祐二年十二月二十六日

敕郭逵惟卿耆老漸就退閑不忘戴主之誠遠效充
庭之駿載嘉忠藎良極歎咨

賜溪洞彭儒武等進奉興龍節溪布敕書元祐二年十二月二十八日

敕彭儒武汝世能保境志在觀光遠修任土之宜来備充庭之實載惟忠恪良極歎嘉

接伴大遼賀興龍節人使送伴回程與大遼賀正旦人使相逢撫問口宣元祐二年十月十七日

有敕卿等並駕使軺遠敦隣好屬風霜之凝冽歷川陸之阻脩宜示眷懷特申問勞

趙州賜大遼賀

太皇太后正旦大使茶詔元祐二年十月十七日

敕卿久勤軺傳遠犯風埃眷言行邁之勞良極軫懷之意往須珎劑以輔至和

趙州賜大遼賀

太皇太后正旦副使茶詔元祐二年十月十七日

敕卿遠乘使傳来講鄰懽屬此沍寒尚勤行役往加問勞式示眷懷

趙州賜大遼賀

皇帝正旦大使茶藥詔元祐二年十月十七日

敕卿遠慶春朝篤修鄰好永惟使事之重遂忘行役之勞既極歎嘉宜申問勞

趙州賜大遼賀

皇帝正旦副使茶藥詔元祐二年十月十七日

敕徂歲向晚脩途苦寒方趍造於會朝未即安於舍館徃加恩錫增重使華

趙州賜大遼賀

太皇太后正旦使副茶藥口宣元祐二年十月十七日

有敕卿等遠馳使傳方次州封念此寒凝艱於涉履特申寵錫以示眷存

趙州賜大遼賀

皇帝正旦使副茶藥口宣元祐二年十月十七日

有敕卿等遠修聘事来會歲元眷言夙駕之懃宜有中途之賜受茲珎品喻我至懷

相州賜大遼賀興龍節使副御筵口宣元祐二年十二月日

有敕卿等犯寒遠道弭節近郛少休夙駕之勞式示加籩之惠服我寵數以增使華

相州賜大遼賀興龍節使副却回御筵口宣元祐二年十二月四日

有敕卿等聘事告成還車言邁改轅北道弭節近郛眷言行役之勞宜有燕私之寵

賜皇伯祖高密郡王宗晟已下罷散興龍節

道場香酒果口宣元祐二年十二月一日

有敕卿等以義重宗藩駙馬改為戚藩志存忠愛先期誕月歸命佛乘逮兹法會之成宜有分頒之寵賜知樞密院事安燾已下罷散興龍節道場酒果口宣元祐二年十二月一日

有敕誕彌之慶緜宇所同矧我臣工方兹燕喜宜有柔嘉之賜以成豈弟之驩

賜濟陽郡王曹佾罷散興龍節道場酒果口宣元祐二年十二月一日

有敕卿位重戚藩望隆耆德歸誠覺苑增祝壽山

宜有寵須以昭厚眷

賜殿前都指揮使燕達已下罷散興龍節道場

香酒果口宣元祐二年十二月一日

有敕卿等志在愛君忠於衛上屬誕彌之紀慶脩淨供以祈年宜有寵須以旌勤意

內中御侍以下賀

皇帝冬至詞語元祐二年十月二十日

伏以月臨天統首冠於三正氣應黃宮復來於七日君道寖長陽德光亨恭惟　皇帝陛下清明在躬仁孝遍物垂衣南面天何言而四時成問學西清日將

旦而群陰伏裔夷奔走年穀順成豈惟四海之歡心
自識三靈之陰賛如儿方至受命無疆妾等待罪掖
庭備員婦職共慶一陽之莭敢陳萬歲之觴

内中御侍以下賀

太皇太后冬至詞語

伏以消長有時候微陽之来復賢愚同慶知君子之
彙征德化所加神人並應恭惟
太皇太后陛下睿明天縱慈儉身先振河嶽以不傾
地無私載順陰陽而自化天且不違成功已陋於漢
唐論德蓋高於任姒大有上吉方獲助於三靈既醉

太平當純備於五福妾等職忝長御心奉
慈闈慶陽德之朋来願天壽之平格

内中御侍以下賀

皇太后冬至詞語

伏以曚瞍奏功驗人和於緹室日官占物效歲美於
黃雲慶自宮庭澤均海宇恭惟
皇太后殿下輔佐内治儀刑王家推美國風夙茂周
南之化考祥義易共成坤厚之功方迎日於三微敢
稱觴於萬壽豈獨宮闈之願實同中外之驩妾等猥
以微軀被蒙

慈渥仰獻岡陵之祝庶殫草木之誠

就驛賜大遼賀興龍節人使宴口宣（元祐二年十二月十一日）

有敕佳辰紀慶聘事告成申敕臣隣往就舍館同茲衎樂服我惠慈

就驛賜大遼賀興龍節人使宴花酒果口宣（元祐二年十二月十一日）

有敕卿等遠勤使傳来慶誕辰臨遣重臣往須燕俎仍加寵錫以示至懷

賜大遼賀正旦使副銀鈔鑼等口宣（元祐二年十二月二十日）

有敕卿等通兩國之懽不遠千里驅一乘之傳来慶
三朝宜有寵須以昭異眷

相州賜大遼賀正旦人使却回御筵口宣 元祐二年十二月十四日

有敕卿等復理歸鞍少休輔郡念北轅之首路犯西陸之餘寒往致恩勤曾留燕衎

賜大遼賀正旦人使却回雄州御筵口宣 元祐二年十二月二十四日

有敕卿等遠勤郵傳冒涉氷霜眷言往復之勞已次封圻之上宜須嘉燕以示至懐

賜大遼正旦人使生餼口宣元祐二年十二月二十四日

有敕卿等郵傳遠勤舍館既定宜敦主禮以犒馭徒往賜餼牽少紓勞瘁

賜太師文彦博乞致仕不許詔元祐二年十二月二十五日

敕彦博卿自去歲以來數苦小疾尚能勉留以輔不逮近者神明所相體力自康視聽不衰步趨加健乃欲求去耶今御戎之策未有定議京東西河朔荐饑公私枵然方與二三臣圖之卿未可以即安也

賜文彦博乞致仕不允詔元祐二年十二月二十五日

敕彦博卿歷相三宗名聞四夷位極一品書考四十

自載籍以来未之聞也固當以國為家以天下為身以安社稷為悅而不當以居丘園為樂也朕方待卿而為政請老之言所未欲聞

送伴正旦使副沿路與賀北朝生辰并正旦使副相逢傳宣撫問口宣元祐二年十二月二十五日

有敕卿等銜命出使徂冬涉春適寒苦之倍常知勤勞之加舊勉驅郵傳来造會朝

賜大遼賀正旦入賀畢使副就驛酒果口宣元祐二年十二月二十六日

有敕卿等既勤闕庭少安館舍宜行慶賜以樂春朝

往致甘芳式華觴豆

賜大遼賀正旦入賀畢使副就驛御筵口宣元祐二年十二月二十六日

有敕卿等遠抗使旃来陳慶幣眷東風之協應嘉上日之同歡宜就驛亭往須燕豆

賜大遼賀正旦使副前一日内中酒果口宣元祐二年十二月二十七日

有敕方興嗣歲既餞餘寒嘉鄰好之篤修念使華之少駐式須珎異以示眷懷

賜大遼賀正旦却回班荆館御筵口宣元祐二年十二

月二十七日

有敕卿等聘事既成歸途方啓言念改轅之始少留帳飲之歡徃推恩勲下及徒馭

賜大遼賀正旦朝辭訖歸驛御筵口宣元祐二年十二月二十七日

有敕卿等寓館久勤趍庭告去不假壺觴之樂曷為徒馭之華服我恩私少留宴衎

賜大遼賀正旦朝辭訖歸驛御筵酒果口宣元祐二年十二月二十八日

有敕卿等聘事告成歸車夙駕屬此寒凝之末眷

言往返之勤錫此珎芳以將寵遇

賜大遼賀正旦使副春幡勝口宣元祐二年二月二十九日

有敕剪刻之工風俗惟舊眷皇華之在館屬春陽之肇新宜有分須以增賁飾

賜大遼賀正旦使副射弓例物口宣元祐二年十二月二十九日

有敕卿等出游禁籞觀藝射侯弓矢既均禮儀卒度宜加寵賜以侑燕歡

皇帝回大遼皇帝賀正旦書元祐三年

獻歲發春方祝永年之慶睦鄰敦好益修奕世之歡信幣精華書詞溫縟再維雅契良極欣悰

皇帝達

太皇太后迴大遼皇帝賀正旦書元祐三年

正歲履端遠勤於華使　慈闈申慶重領於珎函省

侍之餘誠言已達永惟欣感莫究言宣

永安永昌永熙永裕陵忌辰奏告

宣祖　太祖　太宗　神宗皇帝表本元祐二年十二月二十七日

伏以卜年之永恩洽於華夷諱日之臨感深於臣子

恭惟　謚號皇帝文武經世威靈在天每更不樂之

辰尚有遺弓之慕山陵永望雨露增懷

永安永昌永熙陵忌辰奏告

昭憲　孝惠　孝明　孝章　淑德　懿德

明德　元德　章懷　章穆　章懿　章惠

章獻明肅皇后表本元祐二年十二月二十七日

伏以周南之化刑恭儉於多方渭北之游極望思於

原廟恭惟　謚號皇后道應圖史德參聖神顧明發

之永懷仰徽音之如在載瞻園寢想見衣冠

皇太后殿内人為

神宗皇帝忌辰朝永裕陵表本元祐二年十二月二十七日

伏以百年之畏化被於無疆終身之憂感深於不樂

恭惟　謚號皇帝德齊堯禹功陋漢唐道蓋始於正家謀方貽於燕翼追攀罔極慨慕徒深

西京奉安

神宗皇帝御容禮畢西京德音元祐二年十月十四日

門下朕以寡昧仰繼　聖神顧瞻山陵未忘弓劒之慕益廣宗廟以奉衣冠之游祇遣輔臣往嚴像設敞鳳臺之仙宇粲龜洛之仁祠睟表一臨陪京增重山川改色方貢祥而效珍父老縱觀或太息而流涕宜施雷雨之澤以荅神人之心於戲好生育物既推文母之慈崇德措刑終成　神考之志資爾有衆宜

體朕懷

賜中大夫守尚書右丞王存生日詔 元祐三年正月四日

敕王存卿以宏才與聞大政誕日之慶豈惟閨庭寵錫之隆庶延壽嘏

瀛洲賜大遼賀正旦人使回程御筵口宣 元祐三年正月五日

有敕卿等来修舊好遠冒祁寒涉歴冬春服勤郵傳式須嘉燕以荅久勞

賜試户部侍郎趙瞻陳乞便郡不允詔 元祐三年正月十三日

勑趙贍朕褒顯耆舊取其宿望養青俊乂待其成材庶前後相繼朝不乏人則堂陛自隆國有所恃方今在廷之士孰非華髮之良而卿以康強之年為遠引之計於義未可蓋難曲從

賜保州團練使潞州總管王寶進奉戀闕并到任馬敕書元祐三年正月七日

勑王寶汝以選掄出分憂寄来效充庭之駿以將衛上之誠再省忠勤良深嘉歎

賜保寧軍節度使知大名府馮京進奉興龍節并冬至正旦馬詔元祐三年二月二十五日

敕馮京震夙之祥旅庭稱慶歲時之會因物效誠乃眷元臣實勤典禮多儀克舉屢歎不忘

賜外任臣寮進奉謝恩馬詔敕元祐三年二月二十六日

敕衛恩思報因物致誠效茲乘服之良示有驅馳之志永言忠藎良極歎咨

賜外任臣寮進奉興龍節功德疏詔敕元祐三年二月二十六日

敕誕彌之慶中外所同畢輸衛上之誠來獻後天之祝永言忠藎良極歎嘉

賜宰相呂公著上第一表乞致仕不允批荅元祐

三年二月二十八日

省表具之古者世臣譬之喬木粤自拱把至于棟梁
傑然群材之中夫豈一日之力卿擢自仁祖迨兹四
朝光輔朕躬允有一德不獨卿無心而事自定抑亦
民既信而功易成方今布在　朝廷豈無豪傑之士
猶當養以歲月待其德望之隆卿雖欲歸勢未可去
宜安厥位以副朕心

賜宰相呂公著上第一表乞致仕不許批荅

覽表具之卿三世將相一時蓍龜不求備以取人則
房喬之比其經遠而無競有謝安之風用能寧輯我

家靖共爾位政在元老人無異詞胡為厭事而求歸
不復為國之長慮方今官冗財匱歲艱民貧天步難
安國是未定若方勤於樸斲而遽易於工師人其謂
何勢必不可告老之請吾未欲聞

賜宰相呂公著上第一表乞致仕不允批荅口宣
元祐三年三月二十九日

有敇朕以沖眇垂拱仰成卿以耇老圖任共政無故
而去於義未安

賜宰相呂公著上第二表乞致仕不許斷來章
批荅
元祐三年三月二十九日

覽表具之難進易退固君子之常節久勞思逸亦老者之至情然心存社稷則常節為輕身繫安危則至情可奪惟卿體國豈待多言苟大義之未安雖百請而何益宜安厥位勿復此心

賜宰相呂公著上第二表乞致仕不允斷來章

批荅 元祐三年三月二十九日

覽表具之宰相不自用人主不自為予欲識人物之忠邪故以卿為水鏡予欲知利害之輕重故以卿為權衡苟明此心雖老猶壯與其輕去軒冕獨善其身孰若優游廟堂兼享其樂益敦此義勿復有云

賜宰相呂公著乞致仕不允斷来章批荅口宣

元祐三年四月一日

有敕卿望重搢紳義均休戚如左右手可須臾離雖屢形於懇詞必難移於朕意

除呂公著特授守司空同平章軍國事加食邑實封餘如故制

元祐三年四月四日

門下仁莫大於求舊智莫良於用衆既得天下之大老彼將安歸以至國人皆曰賢夫然後用令朕一舉仁智在焉宜告治朝以孚大號金紫光禄大夫守尚書右僕射兼中書侍郎上柱國東平郡開國公食邑

七千一百户食實封二千三百户呂公著訏謨經遠
精識造微非堯舜不談皆聞其語以社稷爲悅今見
其心三年有成百揆時敘維乃　烈考相于昭陵蓋
清淨以寧民亦勞謙而得士凡我儀刑之老多其賔
客之餘在武丁時雖莫望於前烈作召公考固無易
於象賢而乃屢貢封章力求退避朕重失此三益之
友而閔勞以萬幾之煩是用遷平工之司釋文昌之
任毋廢議論時遊廟堂於戲大事雖咨於房喬非如
晦莫能果斷重德無逾於郭令而裴度亦寄安危罔
俾斯人專美唐世可特授司空同平章軍國事加

食邑七百戶食實封三百戶餘如故仍一月三赴經筵

二日一入朝因至都堂議軍國事

除呂大防特授太中大夫守尚書左僕射兼門下侍郎加上柱國食邑實封餘如故制元祐三年四月四日

門下朕聞天子有道其德不可得而名輔相有德其才不可得而見故漢之文景紀無可書之事唐之房杜傳無可載之勳當時安榮後世稱頌予欲清心而省事不求智名與勇功天維顯思將啓承平之運民亦勞止願聞休息之期眷予元臣咸有一德咨爾百辟明聽朕言中大夫守中書侍郎柱國汲郡開國公

食邑二千二百戶食實封三百戶賜紫金魚袋呂大
防造意淵深學才宏毅果執甚以達有孔門三子之風
直大而方得坤爻六二之動久踐右闥爵為名臣宜
升左輔之崇兼綜東臺之務加賦進秩寵數益隆得
位與時亮賢者彌重於戲若古有訓無競維人往建
中之風以除吏八百而致非敘指元和之政以為士三
十而能惟公乃心何遠之有可特授太中大夫守尚
書左僕射兼門下侍郎加上柱國食邑七百戶食
實封三百戶

除范純仁特授太中大夫守尚書右僕射兼中

書侍郎進封高平郡開國侯加食邑實封餘如

故制元祐三年四月四日

門下朕惟朝廷之盛衰常以輔相爲輕重若根本彊

固則精神折衝故蕭吕臣奉己而不在民則晉文無

復憂色汲長孺直諫而守死節則淮南爲之寢謀朕

思得其人付之以政使天下聞風而心服則人主無

爲而日尊咨爾在廷咸聽朕命中大夫同知樞密院

事上柱國高平縣開國伯食邑九伯戶食實封二百

戶賜紫金魚袋范純仁器遠任重才周識明進如孟

子之敬王退若蕭生之憂國朕覽觀　仁祖之遺迹

永懷慶曆之元臣強諫不忘喜臧孫之有後我心是
似命召帥以来宣雖兵政之與聞疑遠猷之未究坐
論西省進貳文昌增秩益封兼隆異數於戲時難得
而易失民難安而易危予欲守在四夷以汝為偃兵
之姚宋予欲藏於百姓以汝為息民之蕭曹勉思古
人以稱朕意可特授太中大夫守尚書右僕射兼中
書侍郎進封高平郡開國公加食邑七百戶實封三
百戶勲如故

東坡内制集卷第六

東坡內制集卷第七

賜新除守司空同平章軍國事呂公著辭免恩命不允詔元祐三年四月六日

敕公著委重元老朕之本心歸安丘園卿之素志今於二者酌處其中使卿獲居勞逸之間而朕不失仰成之託於義兩得夫復何辭

賜新除太中大夫守尚書左僕射兼門下侍郎呂大防辭免恩命不允詔元祐三年四月六日

敕大防端揆黃門之任虛之久矣以卿德望兼董才術有餘故授之不疑渙號已行僉言惟允務稱朕命

何以祠爲

賜新除太中大夫守尚書右僕射兼中書侍郎范純仁辭免恩命不允詔元祐三年四月六日

敕純仁國之安危寄於宰輔朕豈苟然而輕授也哉試之以事而不移斷之於心而不貳成命已出豈容復回往修厥官以稱朕意

賜知乾寧軍内殿承制張赴奬諭敕書元祐三年四月十八日

敕張赴横流之災所在蒙害惟吏得其人則公私賴之使者列上有司不以時聞歲月既遠予猶汝嘉故兹奬諭想宜知悉

宣詔許内翰入院口宣 元祐三年四月十九日

有敕卿拔自循良老於文學禁林之命儒者所榮往祗厥司以究所藴

賜觀文殿大學士光禄大夫知永興軍韓縝三上表乞致仕不許斷来章詔 元祐三年四月七日

敕韓縝夫任天下之責者無自營之私蒙國士之知者有非常之報矧卿德望兼重體力猶強方資禦侮之壯猷焉用引年之常禮宜安厥位毋復言歸

賜觀文殿大學士光禄大夫知永興軍韓縝三上表陳乞致仕不允斷来章詔 元祐三年四月七日

敕韓縝朕體貌諸老儀刑四方假以方面之安略其筋力之禮如卿屢請固無懷祿之嫌而朕固留宜有忘歸之意今中外無事民物小康顧恐安車之榮未逾坐嘯之樂朕命不易卿其少安

賜新除太中大夫守尚書右僕射兼中書侍郎范純仁再上劄子辭免恩命不允詔（元祐三年四月七日）

敕純仁卿奉事　先帝義深愛君與政西樞論不阿世昔聞汲黯之不奪今見徐公之有常參以衆言蔽自朕志右宰之任非卿而誰屢執謙詞殊非所望

賜新除依前中大夫守中書侍郎劉摯辭免恩

命不允詔元祐三年四月七日

敕劉摯朝廷設三省建丞弼雖所治不同至於因時立政昭德塞違其實一也卿既任其事矣今以次遷無足詞者

賜新除依前中大夫守尚書左丞王存辭免恩命不允詔元祐三年四月七日

敕王存卿學足以經邦才足以應物更練愈久開益居多以積日而稍遷顧僉言之咸允國之常典何以詞爲

賜新除中大夫守尚書右丞胡宗愈辭免恩命

不允詔元祐三年四月七日

敕宗愈卿昔在諫垣首開正論出入滋久操守不回雅望在人既非一日之積歷試而用亦自群公之言往祗厥官毋替朕命

賜新除依前中散大夫充樞密直學士簽書樞密院事趙瞻辭免恩命不允詔元祐三年四月七日

敕趙瞻朕惟本兵之地司命吾民矧羌戎叛服之無常實邊鄙安危之未決豈以此柄輕授其人以卿望重搢紳學兼文武歷試而用衆言允諧往踐厥官勿違朕命

賜新除門下侍郎孫固辭恩命不允詔元祐三年四月八日

敕孫固朕惟三朝老臣義同休戚　先帝舊學存者幾人意其風采之聳聞可使　朝廷之增重矧卿德望素著寄任已隆昔冠西樞今貳東省衆以爲允義無足辭

劄子

臣今月八日准內批安燾辭免轉右光祿大夫劄子降詔不許臣竊謂人主之馭群臣專以禮義廉耻若使受無名之寵則爲待臣子之輕今　朝廷豈以執政六人五人進用故加遷秩以慰其心燾位冠西樞

委寄至重豈肯見人擢用即以介懷既無授受之名
僅以姑息之政縱有　先朝故事亦是一時誤恩今
慕力詞正為知義臣欲奉命草詔不知所以為詞伏
望　聖慈從其所請若除受別有緣故即乞明降指
揮苟於義稍安敢不撰進取
進止
御寶批可且用一意度作不許辭免詔書進入
賜新除右光祿大夫依前知樞密院事安燾辭
恩命不允詔元祐三年四月八日
敕安燾卿謀國之重歷年于兹紀綱修明中外寧輯

夫圖任共政所憂者大則以勞還秩亦理之常雖固執於撝謙恐難回於成命往服休寵以彰眷懷

賜新除中大夫守尚書右丞胡宗愈辭免恩命不允詔 元祐三年四月十日

敕宗愈卿更涉夷險踐歷中外出奉使指而民宜之入治天官而吏畏之非獨能言者也書不云乎數奏以言明試以功朕得之矣卿其勿辭

賜新除依前中散大夫充樞密直學士簽書樞密院事趙瞻辭免恩命不允詔 元祐三年四月十日

敕趙瞻朕之進人可謂難矣自非耆老久次悃愊無

華則樞機之任不以輕授卿之自視何愧於斯祗服厥官思所以稱而已

賜正議大夫知樞密院事安燾辭免還官恩命

允詔元祐三年四月十五日

敕安燾卿國之儁輔位冠樞庭以時褒陞豈待功閥而能力詞寵命欲以身率群臣使廉耻相先名器益重勉從来請以篤此風

賜新除中大夫守尚書右丞胡宗愈辭免恩命

不允詔元祐三年四月十五日

敕宗愈朕之用卿蓋聽其言考其行事參之公議而

斷自朕心可謂審矣而卿固辭不已朕其感之夫小人以位為寵求之而不可得君子以寵為憂推之而莫能去自古以然卿何疑哉

内中御侍以下賀

太皇太后年節詞語元祐二年十二月一日

伏以太蔟旋宫既賛揚而出滞句芒司歷方布徳以緩刑恭惟太皇太后陛下化始六宫風行九有捐財振廪救民溝壑之中求賢審官拔士茆茨之下方履端之資始膺景福於無疆妾等幸侍禁嚴粗供婦職願獻岡陵之壽少輸草木之誠

内中御侍以下賀

皇帝年節詞語元祐二年二月一日

伏以齊七政於璣衡天人並應受三朝之圖籍海宇来同恭惟皇帝陛下至仁無私神武不殺祖述堯舜歷象以授民時儀刑文王正家而齊天下方肇新於歲律宜嚮用於神休妾等幸侍禁嚴仰陶化育願上萬年之壽永膺百順之祥

内中御侍已下賀

皇太后年節詞語元祐二年二月一日

伏以三元資始磔禳以餞餘寒萬寶更新爔烈以興

嗣歲恭惟皇太后道光為汭德配周南輔導兩朝孝
慈格於上下儀形九御恭儉聞於邇遐順履三陽誕
膺百祿妾等幸班禁掖久被餘光莫報生成之恩但
祝靈長之筭

班荆館賜大遼賀興龍節人使回程御筵口宣
元祐二年十二月六日

有敕卿等已事言旋改轅兹始冒寒遠涉軫念良深
少慰近郊復陳燕豆

班荆館賜大遼賀正旦人使到闕酒果口宣元祐二年十二月十日

有敕卿等遠修隣好来會歲元久涉氷塗少休郊館宜須芳旨以勞驂騑

賜新除守尚書右僕射兼中書侍郎范純仁上第一表辭免恩命不允批荅元祐三年四月十二日

覽表具之夫有烏獲之力然後可以付千鈞有和扁之功然後可以寄死生故宰相之任非所以寵人臣也兼其德而當之為不智有其材而辭之為不仁若卿之才德亦可謂稱矣往思其憂以稱天下之望

賜范純仁上第一表辭免恩命不許批荅元祐三年四月十二日

覽表具之吾聞之乃烈考曰君子先天下之憂而憂

後天下之樂而樂雖聖人復起不易斯言卿將書之紳銘之盤盂以為一言而可以終身行之者歟則今兹爰立之命乃所以委重投艱而已又何辭乎

賜新除尚書左僕射呂大防尚書右僕射范純仁辭免恩命不允批荅口宣元祐三年四月十一日

有敕卿望重搢紳才兼文武弼亮之選中外同然毋或固辭以稱朕意

賜新除司空同平章軍國事呂公著上第二表辭免恩命不許斷来章批荅元祐三年四月十二日

省表具之夫國以得人為彊如猛獸之衛藜藿以積

賢為寶如珠玉之茂山川湛然無為物自蒙利故崔
公發議則淄青懸服知朝廷之有人蜀使抗詞則孫
權回顧歎張昭之不在得失之效豈可同日而語哉
朕之用卿意實在此國計之重可無復詞

賜新除司空同平章軍國事呂公著上第二表
辭免恩命不允斷來章批荅 元祐三年四月十二日

省表具之周之詩曰無曰予小子召公是似唐之雅
曰惟西平有子惟我有臣夫父子君臣之間光明盛
大如此載之簡策被之金石豈獨閨門之寵足為邦
國之華再省來章具陳先烈雖朕寡昧不敢庶幾

於仁祖而卿忠孝當念服勤於世官祗率厥常毋違

朕命

賜呂公著辭恩命上第二表不允斷来章批荅

口宣元祐三年四月十二日

有敕卿以全德式符具瞻宜與師臣共爲民表欽承

明命佇聽嘉謨

賜新除守尚書左僕射兼門下侍郎呂大防上

第二表辭免恩命不許斷来章批荅元祐三年四月十二日

省表具之卿有夷狄盜賊之虞倉廪禮樂之歎陰陽

風雨之憂此三者誠當今之大計朕之所以中夜不

寐輟食太息者正爲此也孟子曰責難於君謂之恭

夫既以責其君而不以身任之者非仁人也顧卿慨

然當古人之重略世俗之謙務踐斯言憂此二者

賜呂大防上第二表辭免恩命不允斷来章批

荅元祐三年四月十二日

省表具之夫任賢使能天下之公義而辭大就小君

子之自守也惟名器爵禄朕所不敢授以私則勞謙

退避卿豈得必行其意所謂唐虞三代信任之至以

致稷契伊呂德業之隆若卿之言朕敢不勉請事斯

語求觀厥成

賜新除守尚書右僕射兼中書侍郎范純仁上第二表辭免恩命不許斷来章批荅（元祐三年四月十二日）

省表具之卿以明哲自託不能非獨以見君子勞謙之光亦因以知前世用人之獘功烈無取誠如卿言夫次公減於治郡子元不如為將非獨文獻不足蓋其才德有偏如卿昔在朝廷首談孟軻之仁義旋為帥守專行羊祐之威信慨有大志似其先人苟推此心施于有政則太平可望而小節可略矣

賜范純仁上第二表辭免恩命不允斷来章批荅（元祐三年四月十三日）

省表具之自昔　先帝之世屢歎才難及朕嗣位以
来專用德選雖爵禄名器出於獨斷而長育成就
實在群公長短不遺輔相之責茍無爲國養人之意
必有臨事乏使之憂朕用慨然當食不御思得英雋
之老共收文武之用惟卿篤於憂國明於知人灼見
朕心宜在此位往任天下之重毋事匹夫之廉
賜范純仁吕大防辤恩命上第二表不允斷来
章批荅口宣元祐三年四月十三日
有敕卿以宏材久聞大政擢升宰輔實慰具瞻宜速
拜嘉毋煩謙避

賜新除依前正議大夫守門下侍郎孫固辭免恩命不許斷来章批荅元祐三年四月十三日

省表具之卿奉事先帝有勸學之舊與聞機政有已試之功固非躐等之遷獨恨用卿之晚勉徇大義毋事小廉

賜孫固辭免恩命不允斷来章批荅元祐三年四月十三日

省表具之卿向自西樞出殿藩服頃由近輔入侍燕間昔有未識之思今乃日聞其語既見君子無踰老臣當益勵於初心尚何詞於新命

賜新除門下侍郎孫固辭免恩命不允斷来章

批荅口宣元祐三年四月十四日

有敕卿金華雋老西樞舊臣與政東臺實慰輿議祗膺成命毋復固詞

賜新除依前中大夫守中書侍郎劉摯辤免恩命不許斷來章批荅元祐三年四月十二日

省表具之卿蹈道深遠守節淳固雖不留於儻來之物而有志於行可之仕樂告以善勇於敢為進不求當世之名退不叛平生之學未嘗為枉尺直尋之事夫豈有見得忘義之嫌哉毋復過詞往踐乃事

賜劉摯辤免恩命不允斷來章批荅元祐三年四月十二日

省表具之朕纘服之初卿言責是任歷陳治道之要以立太平之基朕欲行其言遂授以政歲月未幾紀綱畧陳欲究觀心術之微宜擢居政本之地苟無愧於允蹈豈不賢於力辭往服官箴勿違朕命

賜劉摯辭免恩命不允斷來章批答口宣元祐三年四月十四日

有敕稽參衆言蔽自朕志西省之貳無以逾卿亟踐厥官毋煩固避

賜新除依前中大夫守尚書左丞王存辭免恩命不許斷來章批答元祐三年四月十二日

有敕卿純忠許國雅望在人官以次洙義無旦避其

四月十四日

賜王存辭免恩命不允斷來章批答口宣元祐三年

非以寵卿祗率厥常毋廢朕命

尊朝廷朕既纂得於英才復以時而遷用庶幾華國

省表具之夫陛廉之揩所以隆堂奧位次有叙所以

賜王存辭免恩命不允斷來章批答元祐三年四月十二日

觀可久之業

濟何施不宜今以次遷何足辭也蓋堅無倦之意以

省表具之夫志大有遠略器博無近用以卿忠義開

承休寵以副眷懷

賜新除中大夫守尚書右丞胡宗愈辭免恩命不許斷來章批荅元祐三年四月十四日

省表具之卿自天官擢領風憲下有庇民之意上有愛君之忠度其不以利回是故可以大受丞轄之任非卿孰宜毋復固辭以就遠業

賜胡宗愈辭免恩命不允斷來章批荅元祐三年四月十四日

省表具之人才之難古今所病忠厚者多乏於用強濟者或涼於德有德適用如卿幾人方觀卿謀國之

良以成朕知人之美深體此意往祗厥官

賜胡宗愈辭免恩命不允斷来章批荅口宣元祐三年四月十四日

有敕卿雅望在人純忠許國既以彙進胡爲力詞宜體至懷即膺成命

賜新除依前中散大夫充樞密直學士簽書樞密院事趙瞻辭免恩命不允斷来章批荅元祐三年四月十四日

省表具之君子之仕也喜於知而樂於用如卿之言結髮從仕而白首遇合則君子之用舍進退蓋亦有

時矣勉行其道無失斯時苟能遇事而必為則亦立功之未晚古人之事將見於卿

賜趙瞻辭免恩命不允斷来章批荅元祐三年四月十三日

省表具之卿挺然孤忠白首一節逝將力求於退避夫豈有意於進取𢦏特以雅望既隆公議所在方將度才而授任固難越卿以用人往踐厥官毋違朕志

賜趙瞻辭免恩命不允斷来章批荅口宣元祐三年四月十四日

有敕朝廷用人議論先定不次之舉非卿孰宜亟服

休恩毋煩固避

閤門賜新除守司空同平章軍國事呂公著告口宣元祐三年四月七日

有敕卿正位三公具瞻多士方資坐論以副仰成體朕眷懷服此明命

閤門賜新除宰相呂大防范純仁告口宣元祐三年四月七日

有敕朕稽參衆庶登用俊良並建宰司同陞揆路祇承明命仰副眷懷

賜新除司空同平章軍國事呂公著辭免冊禮

許詔元祐三年四月十五日

勑公著多儀以隆輔弼國之彝典自損以信君父卿之美志再閱誠言之請益彰謙德之光勉徇所陳不忘嘉歎

賜新除司空同平章軍國事呂公著辭免冊禮允詔元祐三年四月十五日

勑公著冊祝於廟惟周之典臨朝親拜亦漢之舊事大則禮重禮重則樂備古之道也今卿遜避不居自處以約勉從所乞以成其美

賜新除試御史中丞孫覺辭免恩命不允詔元祐

三年四月八日

敕孫覺卿三居諫省皆以直聞蓋嘗遇事以建言志在行義以達道擢為執法實允僉言以卿直諒多聞而朕開納不諱固無觀望難言之病豈有喪失名節之憂哉載閱來章甚非所望

賜新除翰林學士朝請大夫知制誥許將赴闕詔 元祐三年四月十二日

敕許將卿敏而好學達於從政出殿方國則脩儒術以飾吏事入備顧問則酌民言以廣上聽待命北門號稱內相雖於卿為舊物實當今之高選亟踐厥職

佇聞嘉猷

賜許將辭免恩命不允詔元祐三年四月十八日

敕許將進以經術當詔我以安危来自西南固知民之利病渴聞讜論少副虛懷而乃退托無能力辭舊物既非所望其可曲從

賜河北西路諸軍秋季銀鞋兼傳宣撫問臣寮將校口宣元祐三年四月十八日

有敕汝等憂寄之深疆事靡盬眷言勞勩想各平盛體我至懷受茲時賜

白溝驛賜大遼賀坤成節人使御筵兼傳宣撫

問口宣元祐三年四月二十二日

有敕卿等遠涉暑途来陳慶幣眷言徒御久犯風埃往錫燕娛少休行役

東坡内制集卷第七

重刊明成化本東坡七集

東坡内制集卷第八

元祐三年端午貼子詞

皇帝閣六首

其一 五言

盛德初融後，潛陰未姤時。侍臣占易象，明兩作重离。

其二

採秀擷群芳，爭儲百藥良。太醫初薦艾，庶草驗蕃昌。

其三

微涼生殿閣，習習滿皇都。試問吾民慍，南風為解無。

其四 七言

西檻新来玉宇風侍臣茗盌得雍容庭槐似識天顔
喜舞破清陰作兩龍

其五

講徐交翟轉回廊始覺深宫夏日長揚子江心空百
錬只將無逸鑑興亡

其六

一扇清風灑面寒應縁飛白在冰紈坐知四海蒙膏
澤沐浴君王德似蘭

太皇太后閣六首

其一 五言

漸臺通翠浪暑殿轉清風簾捲東朝散金烏未遽中

其二

日永蠶收簇風高麥上場朝来籍田令菽黍獻時芳

其三

舞羽諸羌伏銷兵萬彙蘇只應黄紙詰便是赤靈符

其四 七言

令節陳詩歲歲新從臣何以壽吾君願儲醫國三年艾不作沉湘九辨文

其五

忠臣諒節今千歲孝女孤風滿四方不復巫陽占郢

夢空餘仲御扣河章

其六

長養恩深動植均只憂貪吏尚殘民外廷已拜梟羹賜應助吾君去不仁

皇太后閣六首

其一 五言

露簟琴書冷瑚槃餈餌新深宮猶畏日應念暑耘人

其二

萬壽菖蒲酒千金琥珀盃年年行樂處新月掛池臺

其三

翠筒初窐楝鄉黍復纒菰水殿開氷鑑瓊漿凍玉壺

其四七言

秘殿扶疎夏木深雨餘初有一蟬吟應將嬴女乘鸞扇更助南風長棘心

其五

上林㳒木暗池臺蜀產吳包萬里来不獨槃中見盧橘時於欉裏得楊梅

其六

閔楚遺風萬古情湘沅舊俗到金明翠輿黄繖何時

幸畫鷁飛梟盡日横

皇太妃閣五首

其一 五言

午景簾櫳静薫風草木酣誰知恭儉徳綵縷出親蠶

其二

雨細方梅夏風高已麥秋應憐百花盡緑葉暗紅榴

其三

辟兵已佩靈符小續命仍縈綵縷長不為祈禳得天助要隨風俗樂時康

其四

玉盆沉李灩清泉金鴨噓空裊細煙自有梧楸鄣畏
日仍欣麥黍報豐年

其五

良辰樂事古難同繡璽朱絲奉兩宮仁孝自應禳百
沴艾人挑印本無功

夫人閣四首

其一 五言

肅肅槐庭午沉沉玉漏稀皇恩樂佳節鬭草得珠璣

其二

節物荆吴舊嬉游禁掖閑仙風隨晝篷拜賜落人間

其三 七言

五綵縈筒秫稻香千門結艾鬢髩張旋開寶典尋風物要及靈辰共祓禳

其四

欲曉銅缾下井欄鏗鍠金殿發清寒似聞人世南風熱日上墻東問幾年

賜大遼賀坤成節人使生餼口宣元祐三年五月十日

有敕卿等肅將鄰好来慶誕辰徒馭久勞館宇初定宜頒委積以示寵章

賜新除依前朝散大夫守尚書吏部侍郎充龍

圖閣待制傅堯俞辭免恩命不允詔元祐三年五月二十三日

敕堯俞夙望所在舊疾既平及茲言還慰我虛佇徒得君重雖鬢髮屈於淮陽雅意本朝宜久安於馮翊復求自便殊異所期往修厥官務稱朕命

故皇𫑡祖昭信軍節度使檢校司空開府儀同三司漢東郡王宗瑗祭文堂祭

惟王之生令德孝恭云何不淑罹此閔凶無復會朝載惻予衷往奠其寢維以飾終

故皇𫑡祖昭信軍節度使檢校司空開府儀同三司漢東郡王宗瑗祭文下事

嗚呼死生之變賢愚莫逃日月有時義當即遠哀榮之極禮以告終来舉奠觴往安窀穸

賜守尚書右丞胡宗愈乞除閑慢差遣不允詔

元祐三年五月二十七日

敕宗愈朕開奬言路通来下情雖許風聞猶當核實豈以無根之語輕揺輔政之臣朕方馭衆以寬退人以禮加之美職付以大邦朕既無負於聽言卿亦何嫌而避位祇服乃事毋自為疑

賜正議大夫知樞密院事安燾乞退不允批荅

元祐三年五月二十八日

省表具之宥密之司安危所寄雖羌酋款塞少休烽燧之虞而夏童跳邊猶煩籌策之馭翻然求去義有未安夫以朕大烹優賢之資豈不能助卿養志之具足以毋廢子職而能兼為國謀豈不休哉

賜正議大夫知樞密院事安燾乞退不許批荅 元祐三年五月二十八日

省表具之乃眷西樞實參大柄吾欲兵民兼利戎夏兩安非宿業更變之臣懼有傷財玩寇之患卿當念先朝委重之久未可以親庭歸養為詞勉安厥官以副吾意

賜安燾乞退不允斷來章批答口宣 元祐三年六月一日

有敕卿以舊德首冠西樞雅望既隆仰成彌重宜安厥位以李輔予

後苑瑤津亭開啓祈雨道場齋文 元祐三年六月一日

六月徂夏方金火之爭三農望秋乏雷雨之施嗟人何罪逢歲之艱自非妙覺之等慈孰拯疲民於重困有嚴禁苑祗建淨筵念我憂勞錫之膏澤非獨起焦枯於田野抑將掃疾疫於里閭嘉與含生永均介福

後苑瑤津亭開啓謝雨道場齋文 元祐三年六月五日

伏以祇畏之心格人天於影響覺慈之力返水旱於

屈伸周澤載濡農田告足既鮮藴隆之患庶無流潦之虞仰冀能仁曲垂昭鑒

永裕陵正月旦表本

伏以寅出日於暘谷堯歷方頌朝計吏於原陵漢儀具舉恭惟謚號皇帝功恢禹迹德邁湯仁雖歲月之屢遷想威神而如在載瞻園寢空極望思

永裕陵二月旦表本

伏以時方啓蟄禮及獻羔感清衎之恊風怵懷思於濡露恭惟謚號皇帝文武緯世聖靈在天岱嶽泥金未講升中之禮荆山鑄鼎遽成脫屣之游永望寢園

徒增感慕

永裕陵四月旦表本

伏以日躔昴畢卦直乾離物蒙長養之仁世載文明之化恭惟謚號皇帝功成不宰德範無窮執炎帝之衡莫追往躅秩南郊之政空守成規祗望寢園惟增感慕

永裕陵十月旦表本

伏以戒寒墐户倏及於秦正前晦行陵祗循於漢禮恭惟謚號皇帝懿文緯世厚德載時休老勞農追述養民之政厲兵講武敢忘經國之謀永望寢園益增

感慕

永裕陵十二月旦表本

伏以商正紀歷大呂旋宮論時令以待来歲之宜獻民力以共宗廟之祀恭惟謚號皇帝至仁無外全德難名文物聲明但覩秉時之迹昆虫草木孰知成歲之功急景易遷永懷何極

賜尚書右僕射兼中書侍郎范純仁生日詔元祐三年六月九日

敕純仁卿河嶽之靈神明所相載更誕日永介壽祺體我眷懷受兹寵錫

賜北京恩冀等州脩河官吏及都運運使運判監丞等銀合茶藥并兵級等夏藥特支兼傳宣撫問口宣元祐三年六月十四日

有敕卿等夙夜河壖暴露野次屬兹暑雨深軫予懷往示寵頒少慰勞苦

撫問保塞軍節度使知大名府馮京兼賜銀合茶藥口宣元祐三年六月十四日

有敕河役方興吏士在野暑雨之除綏御為勞膺此寵頒尚加慎護

賜河西軍節度使西蕃邈川首領阿里骨進奉

回詔元祐三年四月二十二日

敕阿里骨惟爾祖先世篤忠孝本與夏賊日尋干戈亦惟恃我朝廷爵秩之隆用能保爾子孫黎民之衆肆朕命爾嗣長乃師而承襲以來強酋外擅爾弗能禁恣其所為遂據洮城以犯王略陰連夏賊約日盗邊朕愍屬羌之無辜出偏師而問罪元惡俘獲餘黨散亡山後底平河南綏服朕惟率酋豪而捍疆場乃爾世功叛君父而從仇讎豈其本意庶能改過未忍加兵果因物以貢誠願洗心而效順爾既知悔朕復何求已指揮熈河路更不出兵及除已招納到部族

外住罷招納依舊許般次往来買賣及上京進奉爾
宜約束種類共保邊陲期寵禄於有終知大恩之難
再勿使来款復爲虚言

賜太中大夫守尚書左僕射兼門下侍郎呂大
防生日禮物口宣元祐三年六月二十二日
有敕乃眷良辰篤生元輔豈獨搢紳之望允爲河華
之英令遣爾錫往致朕命受茲休寵永介壽祺
賜皇弟山南東道節度使開府儀同三司大寧
郡王佖生日禮物口宣元祐三年六月二十三日
有敕乃眷賢王篤生茲日本枝之慶華蕚相承宜分

廐庫之良以致喬松之壽

賜正議大夫守門下侍郎孫固生日詔元祐三年六月二十三日

敕孫固卿圖任之舊搢紳所推難老之祥神人攸相載更良日益永壽祺申以寵章式隆眷遇

賜正議大夫知樞密院事安燾生日詔元祐三年六月二十三日

敕安燾桑弧告慶降哲輔於兹辰綵服拜嘉冠榮名於當代祗服朕命益壽乃親

賜五臺山十寺僧正省奇已下奬諭敕書元祐三年六月十八日

敕清涼之峯仙聖所宅爰修淨供以慶誕辰再省恭勤不忘嘉歎

玉津園賜大遼賀坤成節人使射弓例物口宣

元祐三年七月九日

有敕卿等既陳慶幣復展射侯豈獨娱賓亦將觀德宜有珍良之錫以旌審固之能

賜殿前司罷散坤成節道場香酒果口宣元祐三年七月九日

有敕卿忠存衛上義切戴君爰祝壽山克成梵供宜加寵錫以示眷懷

賜宗室開府儀同三司以下罷散坤成節道場香酒果口宣元祐三年七月九日

有敕卿以令德懿親共輸誠悃名藍法供庋祝壽祺既徹淨筵宜加寵錫

就驛賜大遼國賀坤成節人使宴口宣元祐三年七月十六日

有敕卿等遠馳使傳来會誕辰言念勤勞宜加旌寵特頒燕喜以示眷懷

就驛賜大遼賀坤成節人使花酒果口宣元祐三年七月十六日

有敕卿等肅將慶幣来舉壽觴臨遣輔臣往頒燕豆仍加寵賚以示眷懷

賜大遼人使賀坤成節入見訖歸驛御筵口宣

元祐三年七月八日

有敕卿等初柅使車已陳慶幣退安舘舍往錫燕觴式示眷懷且旌勞勩

賜大遼人使賀坤成節入見訖歸驛酒果口宣

元祐三年七月八日

有敕卿等趍庭致命就舘即安少休行役之勞宜示眷懷之異式昭寵數往錫甘芳

班荆館賜大遼賀坤成節人使回程御筵口宣元祐三年七月八日

有敕卿等使事畢陳還車載啓改轅而北弭節少留就錫燕嘉式昭禮遇

太皇太后賜門下手詔元祐三年七月八日

敕門下　皇帝嗣位于兹四年華夷来同天地並應而皇太妃以恭儉之德鞠育之恩雖典冊以時奉行而情文疑有未稱皇帝以祖考之奉尊無二上而吾惟春秋之義毋以子貴其推天下之養以慰人子之心宜下禮部太常寺討尋如於典故有褒崇未盡事

件令子細開具聞奏

賜馬步軍司罷散坤成節道場香酒果口宣元祐三年七月十二日

有敕卿等共罄臣衷力祈慈壽爰修法會亦既告成宜有寵頒以旌誠懿

賜知樞密院事安燾已下罷散坤成節道場香酒果口宣元祐三年七月十二日

有敕卿等忠存廟社義篤君親嘉法會之有成祝聖齡於無極宜加寵賚以示眷懷

賜皇伯祖嗣濮王宗暉已下罷散坤成節道場

香酒果口宣元祐三年七月十二日

有敕卿等爲國懿親助我孝治祝慈闈之永壽成法會於茲辰宜有寵頒以旌忠悃

賜皇叔楊王醴泉觀罷散坤成節道場香酒果口宣元祐三年三月十二日

有敕卿等以周邵之親躬任姒之養力祈壽嘏祇扣佛乘既徹淨筵宜膺寵賚

除苗授特授武泰軍節度使殿前副都指揮使勲封食實封如故制元祐三年七月十二日

門下出揔元戎作先聲於士氣入爲環尹寓軍政於

國容將神闔外之威以迪師中之吉咨于爾衆朕得
其人侍衛親軍步軍副都指揮使威武軍節度觀察
留後持節福州諸軍事福州刺史上柱國濟南郡開
國公食邑二千八百戸食實封三百戸苗授早以異
材見稱武略被服忠義有列大夫之風砥礪廉隅得
士君子之槩薦揚邊圉益著勞能拔自衆人既蒙
先帝之遇遂拜大將無復一軍之驚祗扈殿巖肅將
齋鉞予欲少長有禮而兵可用汝其夙夜在公而令
必行於戲愛克厥威罔功兹為深戒師衆以順為武
古有成言惟懋乃衷毋忘朕訓

賜太師文彦博已下罷散坤成節道場香酒果

口宣元祐三年七月十二日

有敕元老在廷百官承式啓法筵於梵宇祝壽嘏於慈闈宜有寵頒以助燕喜

相州賜大遼賀坤成節人使却回御筵口宣元祐三年七月十三日

有敕卿等遠飭征驂少休近郡載惟勤勩良極軫懷往錫宴觴以華歸騎

瀛洲賜大遼賀坤成節人使回程御筵口宣元祐三年七月十三日

有敕卿等遠聘通歡言歸復命改轅北道弭節邊城

宜錫燕觴少休行役

賜護國軍節度使濟陽郡王曹佾罷散坤成節

道場香酒果口宣元祐三年七月十三日

有敕卿以耆德首冠戚藩慶祝壽祺告成法會宜加

寵賚以助燕私

班荊館賜大遼賀坤成節人使回程酒果口宣

元祐三年七月十三日

有敕卿等致命言還改轅伊始暑雨方作徒馭實勞

宜有寵頒以昭眷遇

西嶽廟開啓祈雨道場青詞 元祐三年七月十三日

伏以二華之尊作鎮於西極兆人所急望歲於秋成穀既日滋雨不時霈敢以病告于我有神閔茲將槁之苗賜以崇朝之澤惟神之德非我敢忘

奉宸庫翻修聖字等庫了畢安慰土地道場齋文

伏以貨幣所藏有壞必葺聰直之鑒既成乃安爰仗佛慈以綏神守庶期昭格永底純熙

賜新除殿前副都指揮使武泰軍節度使苗授上第一表辭免恩命不許斷来章批荅 元祐三年七月

省表具之試材已舊謀帥尤艱故以久次用人欲其
十九日
深練於事而卿辭以錮疾豈所望哉速即乃官毋復
退避
賜新除殿前副都指揮使武泰軍節度使苗授
上第二表辭免恩命不允斷來章批答元祐三年七月十九日
覽表具之環衛之嚴節制之重誕告多士以長萬夫
朕輕用其人哉確然固辭未喻厥指往祗朕命毋曠
乃官
賜新除殿前副都指揮使武泰軍節度使苗授

辭免恩命第三表不允批荅口宣元祐三年七月二十日

有敕卿早練武經晚著邊劾進持帥節實允僉言矧以次遷無煩懇避

賜于闐國黑汗王進奉示諭敕書元祐三年五月一日

敕卿恪居蕃守申遣使車来款塞垣恭脩壤貢忠誠達遠褒歎良深

賜于闐國黑汗王進奉敕書

敕卿守土西極馳誠中華辟馬充庭尚識漢儀之舊織皮在篚聊觀禹貢之餘載省忠勤不忘嘉歎

賜于闐國黑汗王男被令帝英進奉敕書

敕汝世敦忠厚志慕聲明遠附奏函亦馳貢篚載惟

恭順良極歎咨

賜皇姪新除徐王上第二表辭免恩命不允斷來

章批荅口宣元祐三年八月十五日

有敕朕始升徐方以胙姪父庶幾大彭之壽罔愧元王

之賢毋復屢辭亟膺成命

示諭武泰軍官吏軍人僧道百姓等敕書元祐三年八月十八日

敕朕以苗授賦材勇嚴馭衆整暇擢為宿衛之長寵

以節旄之榮惟爾邦人當諭朕意

中太一宮真室殿開啓天皇九曜消災集福道場青詞

臣以沖眇嗣承列聖之休濟于艱難實賴文母之德臨蒞四載勤勞百為畏天之威未嘗終日而豫怠視民如子惟恐一夫之困窮伏願上帝降祥衆真垂佑消禳災沴永底壽康恭陳寶籙之科仰扣神游之館敢祈昭鑒下察孝心

東坡内制集卷第八

東坡内制集卷第九

中太一宫真室殿爲

太皇太后消災集福罷散天皇九曜道場朱表

臣言仁者必壽信惟天地之心孝無不通宜從臣子之欲虔遵道範仰扣真廷庶同海宇之誠上集慈闈之福天威咫尺永聰明於我民聖壽萬年定子孫于下地更推慱施普及函生

顯聖寺壽聖禪院開啓

太皇太后消災集福粉壇道場齋文

伏以躬儉節用本嚴房闥之風遺大投艱猥當廟社

之寄常恐德之弗類以召災于厥身敢即仁祠肆陳
淨供恭延梵釋普施人天俾壽而康非獨輔安於寡
昧與民同利因將燕及於華夷仰冀能仁曲垂照鑒

後苑瑤津亭開啓祈雨道場齋文

伏以常暘之沴歷月于茲近自都畿及關輔豈獨
西戎之寄將爲宵衣之憂仰止覺慈必垂善救並普集
山川之守來登梵釋之慈閔文高靈霈以興焦槁

閤門賜新除王告口宣 元祐三年八月十二日

有敕卿望隆尊屬德冠宗藩政殿大邦實諧群議
往服朕命以爲國華

皇叔故魏王啓殯祭文

惟靈襲累朝之餘慶兼天下之達尊祖遣之儀哀榮斯極永惟宅兆之卜未逢歲月之良參酌時宜遷神郊館啓殯之始寓哀斯文

皇叔故魏王外殯前一夕夜祭文

惟王之生孝友仁慈既没元身舉國懷思矧予冲眇義兼父師天不我遺日月如馳出次近郊寓此仁祠親奠莫及寧知我悲

皇叔故魏王下事祭文

惟靈出就外邸二年于兹一日不見企予望思矧此告

終月逝日遠雖云近郊寧復旋返築室祠宫既固既完雖非永歸亦可少安嗚呼哀哉

賜皇叔改封徐王顥上表辭免冊禮允詔元祐三年八月二十日

敕卿大雅不羣自得詩書之富為善最樂不知軒冕之榮既殿文邦宜膺盛禮而抑損之志逡巡不居雖莫稱朕所以極褒崇之心而將使卿庶幾獲謙沖之福勉從其意嘉歎不忘

賜皇叔改封徐王顥上表辭免冊禮許詔

敕顥錫山土田以昭令德備物典冊蓋有常儀而卿

深懼滿盈過形抑畏一謙四益當克永年三命滋恭
固將有後曲成美志以勸事君宜依所乞

賜太師平章軍國重事文彦博上第一表乞致
仕不許批荅元祐三年九月二日

覽表具之昔師尚父九十秉旄杖鉞猶未告老此諸
葛元遜所以屈張昭也而衛武公百年猶箴儆于國
曰無以我老耄而捨我此左史倚相所以誨申公也
今卿壽考康寧而退托衰病自引求去獨不念天下
之士有如彼二子者議其後乎姑安厥官以荅公論

賜太師文彦博上第一表乞致仕不允批荅元祐

三年九月二日

覽表具之朕聞之成王之政周公在前召公在後畢公在左史佚在右四子挾而維之目見正色耳聞正言一日即位天下曠然未聞四子者以老而求退亦未聞成王以老而聽其去也朕雖不德猶庶幾成王之治卿雖老矣獨不能以四子之心為心乎勉卒輔朕無愧前人

賜太師文彦博乞致仕不允斷来章批荅口宣

元祐三年九月五日

有敕耆老在位華夷聳觀若聽公歸恐失民望朕命

不生公其少留

賜龍圖閣學士河東路經略使兼知太原府曾布乞除一閑慢州郡不允詔元祐三年七月二十一日

敕曾布將不久任難以責成謀不素定難以應猝卿屢試而用所臨有聲而況二年于茲諸將所服事既即敘人誰易卿夫擣虛攻瑕兵家常勢知難避整夷狄亦然卿若有以待之彼將望而去矣勉卒乃事毋忘朕言

故尚宮吴氏墳所祭文

惟爾之生服勤乃事逢日之吉歸全于郊式榮其終

往致斯奠

西路闕雨於濟瀆河瀆淮瀆廟祈雨祝文

伏以水旱之事山川所司農服穡以有秋天宻雲而不雨愧我不德瀆于有神願為三日之霖大慰一方之望國有常報我其敢忘

撫問秦鳳路臣寮口宣元祐三年七月二十四日

有敕卿等久以選掄出分憂寄疆埸之重綏御為勞宜示眷懷往宣指諭

除皇伯祖宗晟特起復制元祐三年十一月一日

門下曾閔之衰喪不貳事漢唐之舊禮有奪情㓇

予藩屏之親實兼臣子之重雖門内以恩掩義而公俟
以國為家伯臣司宗職不可曠要経服事古有成言
非予爾私其聽朕命皇伯祖彰化軍節度涇州管内
觀察處置等使檢校司空開府儀同三司持節涇州
諸軍事涇州刺史判大宗正事上柱國高密郡王食
邑七千八百戸食實封二千四百戸宗晟天資純茂
德履方嚴襲餘慶於祖宗蹈格言於師保典司屬籍
克有令名郢客卒業於浮丘辟彊受知於先帝允釐
厥位無愧昔人屬此閔凶纍然毀瘠嗟日月之逾邁
重職業之久虚宜復寵名式從權制於戲出居官次

非王事不談退適倚廬讀喪祭之禮則忠孝兩得人無間言功名益隆親有顯譽勉服朕訓光昭前聞

賜皇伯祖宗晟辭免起復恩命不允批荅口宣

元祐三年十一月十日

有敕官不可曠禮有從權茍愛君如愛親則王事為家事勉遵舊服少屈私誠

賜皇伯祖宗晟辭免起復恩命不允斷来章批荅口宣

元祐三年十一月十八日

有敕卿哀慕未衰懇辭彌力既寒暑之一變宜忠孝之兩全勉從朕言起服乃事

相州賜大遼賀興龍節使副御筵口宣元祐三年十一月六日

有敕卿等將命鄰邦服勤郵傳久薄風霧少休車徒宜體眷懷式同燕衎

賜知渭州劉昌祚進奉興龍節銀詔元祐三年十一月六日

敕昌祚卿禦侮邊庭馳神魏闕會嘉辰之獻壽納貢篚以效珍載省忠勤不忘褒歎

相州賜大遼賀興龍節人使回程御筵口宣元祐三年十二月九日

有敕卿等夙駕歸軒少休旁郡眷言勞勩良極顧懷往錫燕嘉以旌恩眷

撫問知大名府馮京口宣元祐三年閏十二月八日

有敕卿等夙分重寄言念久勞歲聿云周王事靡盬

益加輔養以副眷懷

冬季傳宣撫問河北東路沿邊臣寮口宣元祐三年閏十二月八日

有敕疆埸之守職思其憂霜露既凝歲聿云暮宜加

厚愛以副眷懷

賜知渭州劉昌祚進奉謝恩并賜月俸公使及

賀端午節馬詔元祐三年十二月二十四日

敕昌祚卿執德宏毅秉心恪恭拜新渥於公朝謹舊

儀於令節抗章来上因物見誠再省忠勤良深嘉歎

内中御侍已下賀

皇帝冬至詞語元祐三年十月三十日

伏以日合天統時推建子之正律中黄鍾氣驗微陽之應德施自上惠均於民伏惟　皇帝陛下道配皇王化行夷夏觀其来復見乎天地之心静以無為待此陰陽之定雲物告瑞宫聲恊和豈惟至治之祥自得上天之祐一人有慶萬壽無疆妾等蒙被天光叨塵婦職敢獻如山之祝庶同率土之歡

内中御侍已下賀

太皇太后冬至詞語

伏以書奏清臺驗曆象之遂密日移黄道迎化國之舒長寰宇和平宫闈歡豫恭惟　太皇太后陛下教隆陰禮位正坤儀嗣大任之徽音道光千古衣明徳之大練儉化六宫體柔静以臨朝配清明而燭物慶雲可望共占至治之祥彤史何知莫賛無爲之徳妾等猥參女職仰奉　慈顔因来復之一陽祝無疆之萬壽

内中御侍已下賀

皇太后冬至詞語

伏以候氣葭灰喜律筒之已應課功緣線知官日之初長品物向榮掖廷胥悅恭惟　皇太后殿下毋臨四海婦應東朝求賢審官但有憂勤之志躬儉節用豈忘澣濯之衣宜福禄之日康樂宮闈之無事妾等濫塵女職獲奉　慈顏願先柏酒以稱觴更指椿年而獻壽

賜梔窰安燾已下罷散興龍節道場香酒果口宣（元祐三年十二月二日）

有敕梔機之臣社稷是衛夙設人天之供共祈箕翼之祥宜膺寵頒式助燕喜

賜駙馬都尉李瑋已下罷散興龍節道場香酒果口宣元祐三年十一月三十日

有敕震夙紀辰邇遐同祝乃眷戚藩之重預修淨供之嚴亦既告成宜膺寵錫

賜殿前副都指揮使苗授已下罷散興龍節道場香酒果口宣元祐三年十一月二十日

有敕卿等以衛上之忠屬誕彌之慶預嚴淨會以薦壽祺及此告成宜加寵賚

賜權管句馬軍司公事姚麟已下罷散興龍節道場酒果口宣元祐三年十一月三十日

有敕卿等率職周廬歸誠梵宇共致延鴻之祝出於
忠愛之深宜錫珍芳以助燕衎

賜皇伯祖宗晟辭免起復恩命不允詔（元祐三年十二月五日）

敕宗晟夫要經服事出於孔門墨衰從政見於魯史
永惟徇國忘家之義非有食稻衣錦之嫌若非使卿
居之而安則吾豈敢強所不欲勉從前詔往服厥官

賜皇伯祖宗晟辭免起復恩命不允詔（元祐三年十二月五日）

敕宗晟卿德爵與齒皆天下達尊服屬之隆為宗
室祭酒任獨高於三世報宜異於常人故奪情非
以私卿而服事所以徇國義無所愧何以辭為

賜正議大夫知鄧州蔡確乞量移弟碩允詔元祐三年十二月九日

敕蔡確以義責備春秋有失教之譏以情內恕詩人有將母之念顧之得罪事在有司難以貴近之親而廢朝廷之典及觀來請有槩予心重違兄弟急難之詞以傷人子奉養之意

興龍節尚書省賜宰相以下酒果口宣元祐三年十二月二日

有敕誕彌之慶中外所同眷我臣鄰共茲燕喜宜加寵賚以示眷懷

就驛賜大遼賀興龍節使副鈔鑼等口宣元祐三年

十一月二十二日

有敕卿等肅將鄰好遠涉寒途眷言授館之初宜有勞來之禮往加寵錫以示眷懷

七月賜大遼賀興龍節人使內中酒果口宣（元祐三年）

十二月五日

有敕卿等梲車就館布幣造廷既欣鄰好之修復歎使華之美就加寵賚式示眷存

玉津園賜大遼賀興龍節人使射弓御筵口宣

有敕卿等使節有華鄰歡載講既娛賓於靈囿將觀德於射侯宜有寵頒以旌命中

相州賜大遼賀正旦人使御筵口宣 元祐三年十一月六日

有敕卿等春朝畢會鄰聘交馳屬徂歲之沍寒念遠勤於行李往頒燕衎以重使華

趙州賜大遼賀正旦使副茶藥口宣 元祐三年十一月十日

有敕卿等遠修舊好屬此沍寒載歷山川久蒙霜露宜有精良之賜式彰軫念之懷

趙州賜大遼賀太皇太后正旦使副茶藥口宣 元祐三年十一月十日

有敕卿等遠馳四牡来慶三朝屬此歲寒勞於行役宜膺寵錫以示眷存

班荆館賜大遼賀興龍節人使到闕御筵口宣

有敕卿等遠將鄰好至止都門屬霜露之嚴凝念車徒之勤瘁宜伸燕衎以示眷懷

賜大遼賀興龍節人使朝辭訖就驛酒果口宣

元祐三年十一月五日

有敕卿等畢事告旋指期言邁念征途之勞瘁迫徂歲之沍寒體我至懷膺兹寵錫

賜大遼賀興龍節人使朝辭訖歸驛御筵口宣

元祐三年十二月五日

有敕卿等聘事告成陛辭言邁念歸途之云遠復賔

館之少留體我眷懷共茲燕喜

賜皇伯祖宗晟辭免起復恩命不許詔元祐三年十二月十五日

敕宗晟卿哀迫之至言不及文覽之惻然欲從所請而宗子之衆才性各殊位不期驕禄不期侈非卿允蹈忠信力行禮義以身先之蓋未易齊也少屈爾私以成吾志不亦可乎

賜皇伯祖宗晟辭免起復恩命不允詔

敕宗晟卿以強起就位為未便安而朕以徇私忠公為未盡美書云孝乎惟孝友于兄弟施於有政是亦為政夫聖人以孝弟為從政而卿以從政為非孝非

所聞也勉從朕命勿復固辭

賜文太師已下罷散興龍節道場香酒果口宣元祐三年十二月二日

有敕乃眷師臣身先百辟有嚴淨供祇薦萬齡宜有分頒以助燕喜

興龍節尚書省賜知樞密院事安燾已下酒果口宣元祐三年十一月三十日

有敕卿等任重樞機忠存廟社屬誕辰之薦壽脩法會以告成錫以珍芳助其燕喜

賜皇叔徐王罷散興龍節道場香酒果口宣元祐

三年十二月二日

有敕卿望隆周召德邁閭平屬誕慶之紀辰仗佛乘而薦祉助茲宴喜錫以柔嘉

賜濟陽郡王曹佾罷散興龍節道場香酒果口宣 元祐三年十二月一日

有敕卿寵冠戚藩望隆舊德將祝無疆之壽故修最上之乘既徹淨筵宜膺寵錫

賜皇伯祖嗣濮王宗暉已下罷散興龍節道場香酒果口宣 元祐三年十二月一日

有敕眷我宗英乃心王室修彼龍天之供慶茲虹電

之祥宜有頒分以成燕喜

賜皇叔祖同知大宗正事宗景罷散興龍節道場香酒果口宣（元祐三年十二月一日）

有敕乃眷宗英祗率藩服慶誕辰而薦壽修淨會以告成宜有分頒以助燕喜

十日賜大遼賀興龍節人使內中酒果口宣（元祐四年十二月七日）

有敕卿造廷稱壽率禮可觀豈惟鄰好之修亦見使華之美宜膺寵錫以示至恩

賜大遼賀興龍節人使生餼口宣（元祐三年十二月一日）

有敕卿等遠持慶幣申講鄰歡徒馭有華舍館方定
宜往饟牽之錫以旌郵傳之勤
班荆館賜大遼賀興龍節人使回程御筵口宣
元祐三年十二月六日
有敕卿等告辭中禁改乘北轅屬晚歲之嚴凝念征
途之悠緬往頒嘉燕可復少留
班荆館賜大遼賀興龍節人使却回酒果口宣
元祐三年十二月七日
有敕卿等改轅北路供帳都門風埃浩然徒馭勤止
宜膺寵賜以示恩華

瀛州賜大遼賀興龍節人使回程御筵口宣元祐
三年十二月七日
有敇卿等回車北道弭節邊亭使事已終歸驂少憇
往頒燕衎益厚眷存

故渭州防禦使宗孺出殯一夕祭文
惟靈飭躬寡過秉德不回莫克永年遂即長夜哀榮
之典國有故常死喪之戚予惟惻愴

故渭州防禦使宗孺下事祭文
嗚呼宗枝之秀罹此降災日月有時禮當即遠奄臨
窀穸肆設几筵往致予哀來歆此奠

賜皇弟普寧郡王似生日禮物口宣（元祐三年十二月七日）

有敕朕之介弟生以茲辰眷棣蕚之相輝祝椿齡之難老宜同慶喜往致寵頒

雄州撫問大遼賀正旦人使口宣（元祐三年）

有敕卿等肅將慶幣來會春朝遠犯風埃實勞徒馭欣聞入境良慰眷懷

賜河西軍節度使西蕃邈川首領阿里骨進奉回程詔（元祐三年八月三日）

敕阿里骨卿屢款塞垣願終臣節爰因貢篚益著誠心再省忠勤良深嘉歎

皇帝回大遼皇帝賀興龍節書

世睦寶鄰申以無窮之好歲馳華使及茲載夙之辰

閱詞幣之兼隆識情文之備至顧言欣感難悉究

陳

皇帝達

太皇太后回大遼皇帝問候書

遣使為壽既欣鄰好之修因書見誠無致　慈闈之

問侍言有次来意畢陳感懌之深敷陳罔既

劄子

臣今日準中書省批送到宗晟辭免起復恩命劄子

奉

聖旨送學士院降詔不允謹按宗晟飭行有素持喪中禮所辭恩命已四不允而宗晟確然固守其詞愈哀且曰念臣執喪報親之日短致命徇國之日長出於至誠可謂純孝臣謂宗晟未經祥練之變且無金革之虞孝治之朝宜聽所守因以風厲宗室庶皆守禮篤親顧不美哉若以宗正之任恐難其人亦當差官權攝須其從吉復以命之臣忝備禁從不敢不言所有不允詔書臣未敢撰取進止

賜皇伯祖宗晟辭免起復恩命不許詔元祐三年

敕宗晟卿致孝罔極守禮不回以魯衛之親而行曾閔之事吾深欲成人之美遂卿之私顧以宗臣治親有國先務教以道藝時其冠昏奬察其賢能而訓適其驕惰非吾宗室之老孰當父兄之任其深明吾意往服厥官

賜皇伯祖宗晟辭免起復恩命不允詔元祐三年十二月二十二日

敕宗晟君子之於禮雖先王未之有可以義起而況漢唐之舊故事具存如翟方進房喬之流皆以儒術致身不免於釋哀而謀國近歲夏竦晁宗慤亦以近臣奪喪君子不以為過今宗正之事止於治親譬猶

父兄訓敕子弟豈以衰麻之故而廢閨門之政乎卿

其勿疑亟服乃事

東坡内制集卷第十

賜朝散大夫守尚書吏部侍郎充龍圖閣待制

傅堯俞乞外郡不允詔元祐三年閏十二月十四日

敕堯俞卿望重本朝進由公議方卿大夫有為之際

亦士君子難得之時而卿出領郡章入佐治典席未

暖而輒去政何時而報成小疾行瘳姑安厥位

太皇太后賜門下手詔元祐二年閏十二月十四日

敕門下官冗之患所從来尚矣流弊之極實萃于今

以闕計貲至相倍蓰上有久間失職之吏則下有受
害無告之民故命大臣考求其本苟非裁損入流之
數無以澄清取士之源吾今自以眇身率先天下永
惟臨御之始嘗敕有司蔭補私親舊無定限自惟薄
德敢配前人已詔家庭之恩止從母后之比今當又
損以示必行夫以　先帝顧託之深天下責望之重
苟有利於社稷吾無愛於髮膚矧此恩私實同毫末
忠義之士當識此誠各忘内顧之心共成節約之制
今後每遇聖節大禮生辰合得親屬恩澤並四分減
一皇太后皇太妃準此

賜皇伯祖宗晟辭免起復恩命許終喪制誥元祐三年閏十二月二日

敕宗晟夫衰麻之哀達於上下損益之變權以重輕雖事君均於事親而奪志難於奪帥俛聽終喪之守以成致孝之全言念篤誠實增屢歎

賜端明殿學士銀青光禄大夫致仕范鎮奬諭詔元祐三年閏十二月二日

敕范鎮朕惟春秋之後禮樂先亡秦漢以来韶武僅在散樂工於河海之上往而不還聘先生於齊魯之間有莫能致魏晉以下曹鄶無譏豈徒鄭衛之音已

雜華戎之器間有作者猶存典刑然銖黍之一差或
宮商之易位惟我四朝之老獨知五降之非審聲知
音以律生尺覽詩書之来上閱簨虡之在廷君臣同
觀父老太息方詔學士大夫論其法工師有司考其
聲上追　先帝移風易俗之心下慰老臣愛君憂國之
志究觀所作嘉歎不忘

賜保寧軍節度使知大名府馮京進奉賀興龍
節馬一十疋并冬節馬二疋詔元祐三年閏十二月十八日
敕馮京卿坐鎮全魏隱若長城遠馳頌禱之心来效騄
駬之貢眷言忠藎良極歎嘉

賜泰寧軍節度觀察留後知相州李珣進奉賀冬馬一疋詔（元祐三年閏十二月十八日）

敕李珣卿宣化近邦，馳神北闕，屬茲陽月之吉，遠效王閑之良。言念忠勤，不忘嘉歎。

賜殿前都虞候寧州團練使知熙州劉舜卿進奉賀冬馬敕書（元祐三年閏十二月十八日）

敕劉舜卿職在分憂，忠存衛上。屬此秦正之旦，遠輸冀產之良。再省忠勤，不忘嘉歎。

賜大遼賀正旦人使正月一日就驛御筵口宣（元祐三年閏十二月二十五日）

有敕使華遠至春律肇新即卿舍館之安昭我惠慈之眷往陳燕豆以樂佳辰

賜大遼賀正旦人使內中酒果口宣（元祐三年閏十二月二十五日）

有敕卿等瑞節華軒来修舊好芳醪珍實以薦新春膺此寵頒體予異眷

班荆館賜大遼賀正旦使臣回程御筵口宣（元祐三年閏十二月二十五日）

有敕卿等使事告成旋車言邁方改轅於北道暫弭節於都門昭示眷懷少留宴衎

賜于闐國進奉人正旦就驛御筵口宣（元祐三年閏十二月九日）

有敕重譯遠来觀光矣止屬人正之改律樂天敘之
發春宜示寵休式同燕喜

賜外任臣寮進奉興龍節馬詔敕書 元祐三年閏十二月十八日

敕劉舜卿汝忠於衛上遠不忘君爰因彌月之晨来
效充庭之禮眷言勤篤良極歎嘉

雄州賜大遼國賀正旦人使回程御筵兼傳宣
撫問口宣 元祐三年閏十二月二十五日

有敕卿等已事告歸抳居少憇眷言長道遠犯餘寒
宜錫燕嘉以旌勞勩

賜大遼賀正旦人使銀鈔鑼㗔盂子錦被等口

宣元祐三年閏十二月十八日

有敕卿等遠將鄰好来慶春朝眷言跋履之勤宜有

珎華之錫受茲異寵體我至懷

皇太妃宫閣慶落成開啓道場青詞

伏以良辰襲吉華構一新仰荷褒崇之私得伸鞠育

之報落成告備法會有嚴請命上穹馳神真聖庶精

誠之必達錫壽祉於無窮無任懇禱之至

玉津園賜大遼賀正旦人使射弓例物口宣元祐

三年閏十二月三日

有敕射以娱賓抑將觀德發而命中曾不出正宜旌
審固之能膺受珎良之賜
瀛州賜大遼賀正旦人使廻程御筵口宣元祐三年閏十
二月二十九日
有敕卿等已聘言還犯寒遠邁方脂車於道北復弭
節於邊城宜錫宴嘉以旌勞勩
班剕館賜大遼賀正旦人使却回酒果口宣元祐四年
正月一日
有敕卿等還璋言邁弭節少留念鞭轡之方勤涉氷
霜之餘凛宜陳燕俎以寵歸軒

正月六日朝辭訖就驛賜大遼賀正旦人使御筵口宣元祐四年正月一日

有敕卿等使事告成陛辭言邁命近臣之往勞庶遠道之少留體我眷懷共茲宴衎

賜中大夫守尚書左丞王存生日詔元祐四年正月四日

敕王存在易之泰與物皆春於時良臣生我王國宜膺寵賚以介壽祺

賜龍圖閣直學士正議大夫權知開封府呂公孺上表陳乞致仕不允詔元祐四年正月五日

敕公孺朕雞鳴而起志於求助駘背之老未敢即安

矧卿體力不衰髮齒猶壯遽有引年之講殊乖圖舊之心宜安厥官以稱朕意

賜呂公孺上表陳乞致仕不允詔

敕呂公孺卿將相三世凛乎正始之風出入四朝蔚然難老之狀浩穰之治談咲而成方觀報政之能遽有歸休之請公議未可卿其少安

撫問鄜延路臣寮口宣元祐四年正月八日

有敕卿等分寄邊陲輯寧吏士眷言勤勩良極軫懷往致朕言各宜尚慎

賜光禄大夫守吏部尚書兼侍讀蘇頌上表乞

致仕不許詔元祐四年正月十三日

敕蘇頌吾聞有志之士以身御道而遺名有道之君使人樂用而忘老今卿不安其位豈吾有愧於古哉夫難進之士年僅及而輒退則已試之才吾莫得而盡用矣激揚多士方資崔毛之德講誦舊聞未卒褚馬之業事非小補卿其少安

賜蘇頌上表陳乞致仕不允詔

敕蘇頌卿歷事四朝允有一德徒論徐公之奢儉莫見子文之愠喜朕既寤寐哲士體貌元臣方貴德齒之達尊豈求筋力之常禮矧卿方膺難老之錫宜勵

益壯之心惜日有爲古人所重引年求去公議未安
勉爲朕留以慰人望
賜濟陽郡王曹佾在朝假將百日特與寛假將
理詔元祐四年正月十二日
勅曹佾卿賢戚莫二德齒並隆眷言朝請之勤思見
儀刑之老謝病既久軫念良深推予賜告之恩期於
勿藥之喜宜特與寛假將理
賜西南蕃莫世忍等進奉勅書元祐四年正月二十一日
勅莫世忍汝守土遐陬歸誠北闕梯山修貢款塞觀
光言念忠勤至於嘉歎

景靈宫宣光殿開啓

神宗皇帝忌辰道場齋文元祐四年正月二十四日

伏以至德難名已立配天之極孝思永慕蓋有終身之憂惟是佛乘庶資冥福屬弓劍上賓之日就衣冠出游之庭庋設淨筵俾嚴勝果庶趣眞覺永庇含生

賜光禄大夫守吏部尚書兼侍讀蘇頌上第二表陳乞致仕不允詔元祐四年二月二日

敕蘇頌夫天以多士寍　王國而祖宗以成德遺後人方使壽考康彊以究其用而朕乃以引年而聽其去

可乎矧卿銓綜之精談咲而辦勉思職事以稱朕心

賜蘇頌上第二表陳乞致仕不許詔

敕蘇頌天官之任老成所宜坐執銓衡有山公晚年之故事薄言煩雜獨蕭俛一時之偏詞卿其揔攬綱條闊畧苛細委蛇退食以慰士心

東太一宮翻修殿宇奏告十神太一真君祝文

元祐四年正月七日

於穆祠宫有嚴春祀吏以時而按視工揆日以修完庶就絜新永綏靈御仰祈昭鑒大庇含生

故尚服劉氏堂祭文 六月八日下院

惟靈選倫禁廷服勤内職逮茲淪謝良用愍傷饋奠之儀哀榮兼至

故尚服劉氏墳所祭文 六月八日下院

惟靈服勤有年罹命不淑窀穸之事日月有時念爾永歸歆予一奠

撫問鄜延路臣寮口宣 六月十一日下院

有敕卿等各膺器使祇服邊陲眷茲靖安時乃忠力特加勞問以示顧懷

新除權禮部尚書梁燾辭免恩命不允詔 六月

十三日下院

敕梁燾卿出處以義進退以禮昔請補外朕不得已而聽其去今兹選用衆以為宜而恨其晚而卿又固辤豈朕所望成命不易其速造朝

賜宣徽南院使充太一宮使馮京乞依職任官例祇赴六參不允詔 六月十四日下院

敕馮京朕以卿耆老厚德重煩以庶事而卿篤恭盡禮自同於有司既朝朔望尚復懃請雖抑抑自警知卿有衛武之風而僕僕亟拜非朕待子思之意宜遵前命以副眷懷

賜右正議大夫守尚書左僕射吕大防生日詔六月十五日下院

敕大防股肱之良與國爲重家庭之慶亦朕所同適斯千獻夢之辰均既醉太平之福膺予寵錫介爾壽祺

賜右正議大夫守尚書左僕射吕大防生日禮物口宣六月二十一日下院

有敕惟兹穀旦生我元臣爰分服食之良往助閨門之喜式爲爾壽宜識朕心

賜皇叔徐王顥生日禮物口宣六月二十一日下院

有敕乃眷賢王實為社稷之衛載臨誕日永集邦家之休臨遣使車往致眉壽

就驛賜大遼賀坤成節人使銀鑼等口宣六月二十三日下院

有敕卿等遠勤使節展慶誕辰畏暑長途方即安於舍館精金良幣宜往致於恩私

賜翰林學士中大夫兼侍讀趙彥若辭免國史脩撰不允詔六月二十三日下院

敕彥若卿學世其家宜居載筆之地官宿其業已奏敍青之書自託不能殊非所望祗膺成命毋復固辭

賜皇弟大寧郡王沁生日禮物口宣六月二十五日下院

有敕桑蓬示喜復臨載育之辰金幣展親往致友于之愛膺予寵賚俾爾壽昌

賜五臺山十寺僧正省奇等獎諭敕書六月二十五日

下院

敕異景靈光久聞示化寶祠淨供爰膺誕彌念此恭勤至於嘉歎

賜河東節度使太師開府儀同三司太原尹致仕文彦博温溪心馬詔七月二日下院

敕彦博惟我宗臣名震夷落狼心駃舌知獻厥誠朕

以張奐拒羌之獻不如旅獒昭德之致已敕邊吏荅
賜所直其馬今以賜卿至可領也
班荆館賜大遼賀坤成節國信使副到闕酒果
口宣七月四日下院
有敕卿等抗旃遠道解鞅近郊念館舍之未安宜驂
騑之少憇式頒芳旨以示眷懷
賜馬步軍大尉姚麟已下罷散坤成節道場香
酒果口宣七月四日下院
有敕卿等誕辰祗慶法會告成嘉與函生同躋壽域
往頒芳旨以勞忠勤

賜大遼賀坤成節使副生餼口宣七月七日下院

有敕卿等抗㯰暑路弭節驛亭眷惟行李之勤往致珎鮮之餽膺茲寵數服我眷懷

雄州白溝驛賜大遼賀坤成節人使却回御筵兼傳宣撫問口宣七月七日下院

有敕卿等飛蓋西風改轅北道喜山川之漸近忘徒御之久勞往致眷懷少留燕衎

玉津園賜大遼賀坤成節人使射弓例物口宣七月八日下院

有敕卿等圭璋致命既已講歡弓矢娛賓亦將觀德

宜有珎華之賜以旌審固之能

賜平海軍節度使駙馬都尉李瑋已下罷散坤

成節道場香酒果口宣七月九日下院

有敕卿等義重戚藩志同忠報屬誕辰之均慶嘉法

會之告成宜示褒優特加寵賚

賜殿門都指揮使以下罷散坤成節道場香酒

果口宣七月九日下院

有敕誕彌之慶海宇攸同嘉將帥之協恭設人天之

妙果宜均寵錫以示褒優

賜皇伯祖高密郡王宗晟已下罷散坤成節道

場香酒果口宣七月九日下院

有敕眷我宗英志存忠報修等慈之妙供祝難老之昌期嘉此精誠均其慶賜

賜同知樞密院事韓忠彥已下罷散坤成節道場香酒果口宣七月九日下院

有敕嘉我樞臣義均一體修茲淨供慶續千齡不有寵頒曷旌忠報

相州賜大遼賀坤成節人使却回御筵口宣七月九日下院

有敕鄰好既成使華有耀眷邦畿之漸遠念郵傳之

方勤服我恩私少留燕喜

賜大遼國賀坤成節使副時花酒果口宣七月十日下院

有敕鄰歡既展賔館歸休宜分醆斝之醇復致瓜華之侑少將至意其服茂恩

坤成節尚書省賜宰臣已下御筵酒果口宣七月十一日下院

有敕忠存柱石誠貫人天共欣誕日之臨既畢祇園之會宜頒芳旨以助燕私

皇帝達

太皇太后迴大遼皇帝賀坤成節書

星火西流慶慈闈之誕日皇華北至講鄰國之誠言既達来音俾修報禮感銘之素敷述難周

皇帝迴大遼皇帝問候書

軺車重幣已修交慶之儀尺素好音復講久要之信屬臨素節允迪純禧益冀保頤式符企詠

坤成節賜同知樞密院事韓忠彦已下尚書省御筵酒果口宣（七月十二日下院）

有敕修佛勝因祈天永命既肅成於梵供益表見於忠誠宜有寵頒想同燕喜

賜徐王罷散坤成節道場香酒果口宣（七月十二日下院）

有敕卿親賢莫二忠孝實兼饌蒲塞於祇園薦椿齡
於崇慶喜成法會宜有寵頒

賜大遼賀坤成節人使朝辭訖歸驛御筵口宣

七月十二日下院

有敕卿等已聘告歸少休就館即頒燕俎臨遣輔臣
式示異恩以榮回馭

班荆館賜大遼賀坤成節人使回程御筵口宣

七月十二日下院

有敕卿等方事回轅聊茲弭蓋念征途之尚永加利
暑之未衰往錫燕嘉少休徒馭

賜宰相呂大防已下罷散坤成節道場香酒果

口宣七月十二日下院

有敕卿等竭誠衛上體國均休恪修西竺之儀仰獻

南山之祝宜膺寵錫以示褒優

賜大遼賀坤成節使副内中酒果口宣七月十二日下院

有敕卿等來陳慶幣克講鄰歡載嘉遠聘之勤宜

示寵綏之意頒兹芳旨服我恩私

賜大遼賀坤成節人使朝辭訖歸驛酒果口宣

七月十二日下院

有敕卿等遠敦使事率禮無違既上謁辭言還有日

宜加頒錫益示寵榮

坤成節就驛賜阿里骨進奉人使御筵口宣 七月十四日下院

有敕汝等来修貢篚適遘誕辰宜均慶賜之恩共樂亨嘉之會往頒燕俎咸極歡心

瀛州賜大遼賀坤成節人使迴程御筵口宣 七月十四日下院

有敕鞭轡之勞封疆漸邇雖勤歸念少憇暑途服我恩私式同燕喜

坤成節就驛賜于闐國進奉人使御筵口宣 七月

十四日下院

有敕汝等奉琛遠至授館少留適遘誕辰宜均慶澤

欽承恩渥共樂燕私

十七日下院

班荆館賜大遼賀坤成節人使回程酒果口宣七月

有敕卿等奉璋來聘弭節言還眷此暑途少留歸馭

往頒燕俎式示恩私

賜夏國主進奉賀坤成節回詔七月二十二日下院

敕節紀誕彌慶均臨照眷守邦之雖遠亦執贄以來

同嘉與朝臣咸稱壽斝載惟忠恪宜有寵頒

东坡内制集卷第十

樂語 附

坤成節集英殿宴教坊詞 元祐二年七月十五日

教坊致語

臣聞視履考祥既占東月之夢對時育物必有繼天之功方大火之西流屬陰靈之既望帝於是日誕降仁人意使斯民咸歸壽域共慶千年之遇得生二聖之朝式宴示慈與民同樂恭惟　皇帝陛下文思天縱睿哲生知力行禹湯之仁常恐一夫之不獲躬蹈曾閔之孝故得萬國之歡心恭惟　太皇太后陛下道契天人德超載籍知人則哲蓋帝堯之所難修

已安民雖虞舜其猶病風雲從而萬物覩日月照而四時行自然動植之咸安莫知天地之何力三宮交慶羣后駿奔賨鄰通四牡之歡航海致重譯之賮洞庭九奏始識咸池之音靈嶽三呼共獻後天之祝臣等叨居法部輒採民言上瀆宸聰敢陳口號

口號

三朝遺老九門前又見承平大有年文母憂勤初化俗曾孫仁孝已通天史書元祐三千牘樂奏坤成第一篇欲採蟠桃歸獻壽蓬萊清淺半桑田

勾合曲

秋風協應生殿閣之微涼廣樂具陳韻金絲而間作欲觀鳥獸之率舞願聞笙磬之同音上奉　宸顏教坊合曲

勾小兒隊、

朱干玉戚本以象功白叟黃童皆知頌聖盍命髫髦之侶来陳舞勺之儀上侑皇歡教坊小兒入隊

隊名

願同千歲樂　長奏太平謠樂隊

問小兒隊

鎬京廣燕方雲集於搢紳沂水游童忽鳬趨於庭廡

雖云小技必有可觀咫尺　天顔悉言汝志

小兒致語

臣聞功存社稷慶鍾高密之門澤及本枝天胙太任之德侯西風之入律鷸瑞氣之盈庭嘉與四方同稱萬壽恭惟　皇帝陛下文思稽古濬哲在躬日奉東朝之歡率用家人之禮以謂慈儉之化無德而能名保佑之功如天之難報惟流傳於歌舞庶髣髴其儀刑臣等雖在弱齡久陶孝治敢率垂髫之侶共陳振萬之儀未敢自專伏取　進止

勾雜劇

鸞旗日轉雉扇雲開暫迴綴兆之文少進俳諧之技
来陳善戲以佐歡聲上樂　天顔雜劇来歟

放小兒隊

青衿旅進雖末技而畢陳黄屋天臨知下情之無壅
既成文於綴兆爰整袂以徘徊再拜天階相將好去

勾女童隊

彤壺漏箭隨雞唱以漸移絳節綵髦聞鳳簫而自舉
宜召散花之侶来陳回雪之姿上奉宸歡兩軍女童
入隊

隊名

金風回翠袖　玉琯倚清歌　樂隊

問女童隊

鳳歌諧律方資燕俎之歡鷺羽分庭忽集壽山之下低鬟有待振袂欲前密邇天階悉陳来意

女童致語

妾聞塗山啓夏来玉帛於萬邦摯仲興周胙本枝於百世嘉辰共樂壯觀一新恭惟　皇帝陛下舜孝自天堯仁浹物膺昊穹之成命席累聖之詒謀惟地勢坤永載無疆之德以天下養躬持胥樂之觴六樂在庭百工奏技妾等親逢盛旦獲望嚴宸藝雖愧於驚

鴻心已先於儀鳳願陳舞綴上奉天顔未敢自專伏
取進止

勾雜劇

風清羽蓋日轉槐庭欲資載笑之歡必有應諧之妙
暫回舞綴少進詼諧上悦天顔雜劇来歟

放隊

八音間作既成皦繹之文萬舞畢陳曲盡回翔之態
望彤闈而却立斂翠袂以言歸再拜天墀相將好去

集英殿秋宴教坊詞

教坊致語

臣聞天無言而四時成聖有作而萬物覩清淨自化
雖仰則於帝心澄滌不回亦俛同於衆樂屬此九秋
之候粲然萬寶之成吾王不游何以勞農而休老君
子如喜則必大享以養賢恭惟 皇帝陛下孝通神
明仁及草木行堯禹之大道守成康之小心華夷來
同天地並應以謂福莫大於無事瑞曷加於有年南
極呈祥候秋分而老人見西夷慕義涉流沙而天馬
來嘉與臣工肅陳組禮元侯於三夏詩庶尹於九
成宣示御觴穆近臣之樂觀臚傳天語溢兩廡之歡
聲臣學幸覩昌辰叨塵法部採謠言於擊壤助[illegible][illegible]

之陳詩仰奉威顏敢進口號

口號

霜霏碧瓦尚生烟日泛彤庭已集仙藹藹四門多吉士熙熙萬國屢豐年高秋爽氣明宮殿元祐和聲入管絃菊有芳兮蘭有秀從臣誰和白雲篇

勾合曲

西風入律間歌秋報之詩南籥在庭備舉德音之器絃匏一唱鐘鼓畢陳上奉　宸嚴教坊合曲

勾小兒隊

皇慈下逮鼚百執以均歡衆技畢陳示四方之同樂

宜進垂髫之侶来脩秉翟之儀上奉威顏教坊小兒

入隊

隊名

登歌依頌磬下管舞成童　樂隊

問小兒隊

大君有命肆陳管磬之音童子何知入選工師之末

欲詳来意宜悉奏陳

小兒致語

臣聞天行有信正得秋而萬實成君德無私日將旦

而羣陰伏清風應律廣樂在庭占歲事於金穰望天

顏之玉粹沐浴膏澤詠歌升平恭惟 皇帝陛下天縱聰明日躋聖知無一物之失所得萬國之懽心雖擊壤之民固何知於帝力而後天之祝亦各抒於下情臣等幸以齠齔之年得居仁壽之域詠舞雩於沂水久樂聖時唱銅鞮於漢濱空慙俚曲願陳舞綴少奉 宸歡未敢自專伏俟 進止

勾雜劇

朱絃玉琯屢進清音華翟文竿少停逸綴宜進詼諧之技少資色笑之歡上悅天顏雜劇來歟

放小兒隊

回翔丹陛已陳就日之誠合散廣庭曲盡流風之妙
歌鐘告闋羽籥言旋再拜　天階相將好去

勾女童隊

錦薦雲舒來九成之丹鳳霞衣鱗集隱三疊之靈鼉
上奉　宸嚴教坊女童入隊

隊名

香雲浮繡床　花浪舞彤庭樂隊

問女童隊

清禁深嚴方搢紳之雲集仙音嘽緩忽簪珥之星陳
徐步香茵悉陳來意

女童致語

妾聞鈞天廣樂空傳帝所之游閶闔清風理絕庶人之共夫何僊聖靡隅塵凡仰瞻八采之威自慶千齡之運恭惟 皇帝陛下乾健而粹离明而文規摹六聖之心人將自化儀刑文母之德天且不違樂茲大有之年申以示慈之會虞韶既畢夏籥將興妾等分綴以須審音而作願俟工歌之闋少同率舞之歡未敢自專伏取 進止

勾雜劇

絃匏迭奏干羽畢陳洽聞舜樂之和稍進齊諧之技

金絲徐韻雜劇来歟

放隊

羽觴湛湛方陳既醉之詩鼉鼓淵淵復奏言歸之曲峩鬟伫立歛袂却行再拜天階相將好去

興龍節集英殿宴教坊詞 元祐二年

教坊致語

臣聞帝武造周已兆興王之迹日符胙漢實開受命之祥非天私我有邦惟聖乃作神主仰止誕彌之慶集于建丑之正瑞玉旅庭爰講比鄰之好虎臣在泮復通西域之琛式燕示慈與人均福恭惟　皇帝陛

下睿思冠古濬哲自天煥乎有文日講六經之訓述
而不作思齊累聖之仁夷夏宅心神人協德卜年七
百方過曆以承天有臣三千咸一心而戴后彤庭振
萬玉座傳觴誦干戈載戢之詩作君臣相悅之樂斯
民何幸白首太平臣猥以微生親逢盛旦始慶猗蘭
之會願賡擊壤之音下採民言上陳口號

口號

凜凜重瞳日月新四方驚喜識天人共知若木初升
旦且種蟠桃莫計春請吏黑山歸屬國紿扶黃髮拜
嚴宸紫皇應在紅雲裏試問清都侍從臣

勾合曲

祝堯之壽旣罄於歡謠象舜之功願觀於備樂羽旄

在列管磬同音上奏　宸嚴教坊合曲

勾小兒隊

魚龍奏技畢陳詭異之觀齠齓成童各效回旋之妙

嘉其尚幼有此良心仰奉　宸慈教坊小兒入隊

隊名

兩階陳羽籥萬國走梯航　樂隊

問小兒隊

工師在列各懷自獻之能侲子盈庭必有可觀之技

未知来意宜悉奏陳

小兒致語

臣聞生民以来未有　祖宗之仁厚上帝所眷錫以
聖神之子孫孚佑下民篤生我后瞻舜瞳之日月望
堯顙之山河若帝之初達四聰於無外如川方至傾
萬宇以来同恭惟　皇帝陛下齊聖廣淵剛健篤實
識文武之大者體仁孝於自然歌詩思齊見文王之
所以聖誦書無逸法中宗之不敢康誕日載臨輿情
共祝神筴授萬年之筭洛書開五福之祥臣等嬉遊
天街沐浴皇化欲陳舞蹈之意不知手足之随未敢

自尃伏取　進止

勾雜劇

金奏鏗純既度九韶之曲霓衣合散又陳八佾之儀舞綴暫停伶優間作再調絲竹雜劇来歟

放小兒隊

游童率舞逐物性之熙怡小技畢陳識天慈之廣大清歌既闋疊鼓屢催再拜天墀相將好去

勾女童隊

垂鬟在列斂袂稍前豈知北里之微敢獻南山之壽

霓旌坌集金奏方諧上奉威顔兩軍女童入隊

隊名

君臣千載遇歌舞八方同樂隊

問女童隊

摻撾屢作旌夏前臨顧游女之何能造彤庭而獻技欲知来意宜悉奏陳

女童致語

妾聞瑞已来翔共紀生商之兆羣龍下集適同浴佛之辰佳氣充庭和聲載路輦出房而雷動扇交翟以雲開喜動人天春還草木恭惟　皇帝陛下凝神昭曠受命穆清三后在天宜興王之世有四人迪哲知

享國之無窮乃眷良辰欲均景福庭設九賓之禮樂歌四牡之章妾等幸覯昌期獲瞻文陛雖乏流風之妙願輸率舞之誠未敢自專伏俟　進止

勾雜劇

清淨自化雖莫測於宸心詼笑雜陳亦偶同於衆樂金絲再舉雜劇來歟

放女童隊

分庭久立漸移愛日之陰振袂再成曲盡回風之態龍樓却望鼉鼓屢催再拜　天階相將好去

紫宸殿正旦教坊詞 元祐四年

教坊致語

臣聞行夏之時正莫加於人統採周之舊王方在於鎬京惟吉月之布和休庶工而未作使華遠集鄰好交修萃簪笏於九門来車書於萬里將興嗣歲以樂太平恭惟　皇帝陛下躬履至仁誕膺眷命法天地四時之運民日用而不知傳祖宗六聖之心我無為而自化九德咸事三年有成始御八音之和以臨元日之會人神相慶夷夏来同臣等忝與賤工得親壯觀知輿情之願頌覩盛德之難形不度荒蕪敢進口號

口號

九霄清蹕一聲雷萬物欣榮意已開曉日自隨天仗出春風不待斗杓回行看莒葉催耕籍共喜椒花映壽杯欲識太平全盛事師師鵷鷺滿雲臺

勾合曲

東風應律南籥在庭餞臘迎春方慶三朝之會登歌下管願聞九奏之和上悅　天顔教坊合曲

勾小兒隊

工師奏技咸踴躍以在庭稺孺聞音亦回翔而赴節方資共樂豈間微情上奉　宸歡教坊小兒入隊

隊名

仙山来絳節雲海戲羣鴻樂隊

問小兒隊

六樂充庭九賔在列何彼垂髫之侶欲陳振袂之能必有来誠少前敷奏

小兒致語

臣聞正月上日萬彙所以更新羣臣嘉賔四方於是觀禮雪方占於上瑞風已告於先春及此良辰設為高會恭惟　皇帝陛下子来九有天覆兆民煥乎其有文章昭然若揭日月安西都護来輸八國之賝南

極老人出效萬年之壽還圭璋於鄰使受圖籍於春
朝擊石擬金奏鈞天之廣樂跳九舞索戲平樂之都
場臣等沐浴太平詠歌新歲鼓舞咸韶之韻蹌揚鳥
獸之間未敢自專伏候　進止

勾雜劇

以雅以南既畢陳於衆技載色載笑期有悅於威顔
舞綴暫停優詞間作金絲徐韻雜劇來歟

放小兒隊

酒闌金殿既均湛露之恩漏滅銅壺曲盡流風之妙
望彤墀而申祝整翠袖以言歸再拜天階相將好去

興龍節集英殿宴教坊詞

教坊致語

臣聞天所眷命生而神靈惟三代受命之符萃于兹日實萬世無疆之福延及我民候南極之祥輝交北鄰之瑞節同趍鎬燕爭頌堯封恭惟　皇帝陛下稽古温文乘乾剛粹體生知而猶學藏妙用於何言故得六聖承休三靈眷佑德隆星㫛齊六符而泰階平河行地中錫九疇而彝倫正屬誕彌之令旦履長發之嘉祥風設九賓於廷遍舞六代之樂日無私於臨照葵藿自傾天有信於發生勾萌必達臣等歷塵法

部獲造形墀下採民言得三萬里之謡頌登歌壽斝以八千歲爲春秋不度無音敢進口號

口號

風卷雲舒合兩班瞳曈瑞日映天顔觀書已獲千秋鏡積徳長爲萬歲山臘雪未消三務起壬人不用五兵閑相逢父老爭相賀却笑華胥是夢間

勾合曲

笙磬同音考中聲於神鼓鳥獸率舞浹和氣於敷天上奉宸歡教坊合曲

勾小兒隊

衆技旅庭振歡聲於無外游童頌聖陶至化於自然

上奉皇威教坊小兒入隊

隊名

壤歌皆白髮象舞及青衿樂隊

問小兒隊

跳踉廣陌初疑竹馬之遊合散彤墀忽變驚鴻之狀

欲知来意宜悉敷陳

小兒致語

臣聞流虹啓聖非人力所致之符湛露均恩與天下

共享其樂旁行海宇外薄戎夷咸欣載夙之辰共獻

無疆之祝恭惟 皇帝陛下神武不殺將聖多能天
生德於予既禀徇齊之質人樂告以善輔成經緯之
文法慈儉於東朝紬詩書於西學載臨誕日俛荅輿
情非爲靡曼之觀庶備太平之福臣等樂生齠齔學
樂父師就列紛紜雖無殊於鳥獸赴音俛仰亦少效
於消塵未敢自專伏候 進止

勾雜劇

樂且有儀方君臣之相悅張而不弛豈文武之常行
欲佐歡聲宜陳善謔金絲徐韻雜劇来歟

放小兒隊

末技畢陳下情無壅既成文於綴兆猶斂袂以回翔

再拜天階相將好去

勾女童隊

飛步壽山起香塵於羅襪散花御路泛回雪於錦茵

上奉　宸顏兩軍女童入隊

隊名

生商来瑞之　浴佛降群龍　樂隊

問女童隊

玉座天臨雖仙凡之有隔翠鬟雲合豈草木之無知

容邇天階悉陳来意

女童致語

妾聞千里一曲變澄瀾於濁河萬歲三稱隱歡聲於靈岳天人並應夷夏来同雖云北里之微敢獻華封之祝恭惟　皇帝陛下睿文冠古神智無方同堯舜之性仁而能濟衆陋成康之刑措猶待積年共欣建丑之正再覩興龍之會桑田東海傾壽竿而未乾汗竹南山書頌聲而無極妾等幸緣賤藝獲望載顏振萬于庭欲赴干旄之節閶歌以雅庶諧笙磬之音未敢自專伏候　進止

勾雜劇

舞綴暫停歌鐘少闋必有應諧之妙以資載笑之歡

上悅天顔雜劇来歟

放女童隊

振袂再成曲盡回風之妙分庭久立漸移愛日之陰

再拜天堦相將好去

樂語終

東坡年譜　六